MW01641259

MOTO
LUMACHE

Alle mie sorelle.
Jacopo

Alla mia famiglia, per il supporto che mi dà nell'inseguire i miei sogni.
Fra

Editrice Il Castoro è socia di IBBY Italia

Jacopo Napolitano e Francesco Sala
Motolumache

viale Andrea Doria 7, 20124 Milano
www.editriceilcastoro.it
info@editriceilcastoro.it

ISBN 979-12-5533-078-3

Finito di stampare nel mese di settembre 2023
presso Abografika d.o.o., Slovenia

JACOPO NAPOLITANO FRANCESCO SALA

il castoro

PRIMA DI TUTTO IL VENTO

MEGAWOW! IL **PILOTA MISTERIOSO** GUADAGNA POSIZIONI!
DONUTS
NESSUNO CORRE COME LUI! GLI ALTRI PILOTI SEMBRANO PIANTATI NEL TERRENO!

SUPERWOW!
QUELL'URANIANO HA APPENA DISTRUTTO LA LUMACA DI... BE', I MARZIANI NON HANNO NOMI.

FRENA!
SE ENTRI IN CURVA A QUELLA VELOCITÀ, NE ESCI CHE SEI UN BUDINO!

INDICAZIONI SEMPRE MOLTO PROFESSIONALI.

WROOOOM

!

NON CI CREDO! VUOLE SALTARE!

VAI, **PIXEL**! NON MI DELUDERE!

ABBIAMO UN VINCITORE! IL PILOTA MISTERIOSO ATTERRA SULLA LINEA DEL TRAGUARDO E ANCORA UNA VOLTA CONQUISTA IL PRIMO POSTO! GLI ALTRI PILOTI NON LI SI VEDE NEANCHE CON IL TRINOCOLO!

MA COME?
NON RILASCI NESSUNA
INTERVISTA?
ECCO...

DEVO ESSERE A
CASA PER CENA!

TERRA
TERRA
TERRA

ALLORA STAX, RIPETI CON ME: STIAMO TORNANDO DA SCUOLA.
BUS
EHI MARTHA, SECONDO TE RIESCO A TENERNE SU UN ALTRO?
CONNOR
OFFICINA
DAI, SORELLA, CONCENTRATI! APPENA ENTRIAMO, URLIAMO CHE SIAMO TORNATE DA SCUOLA. SUPER ENTUSIASMO. SUPER CARICHE, OK?
OK.

DRIIIN DRIIIN

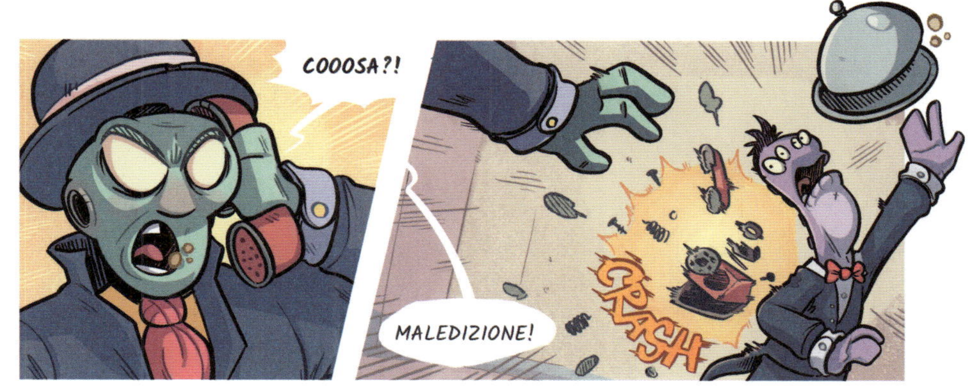
COOOSA?!
MALEDIZIONE!
CRASH

CARO, BASTA SCHERZARE. È ORA DI FARLA FINITA.

FINITA **PER SEMPRE**.

PAPÀÀÀ!
SIAMO TORNATEEE!!!

CIAO, RAGAZZE! COM'È ANDATA A SCUOLA?

UNA BOMBA! ABBIAMO VIN-FOFO E MARTA HA SPACCA-FOFO! WOOOW!!!
EHM... TUTTO NELLA NORMA.

PIANO, PIANO, NON STO CAPENDO NIENTE!

A SCUOLA TUTTO OK. E DATO CHE È TUTTO OK... POSSIAMO ANDARE A UNA FESTA DELLA LUNARPARK, STASERA?
TUTTO OK.

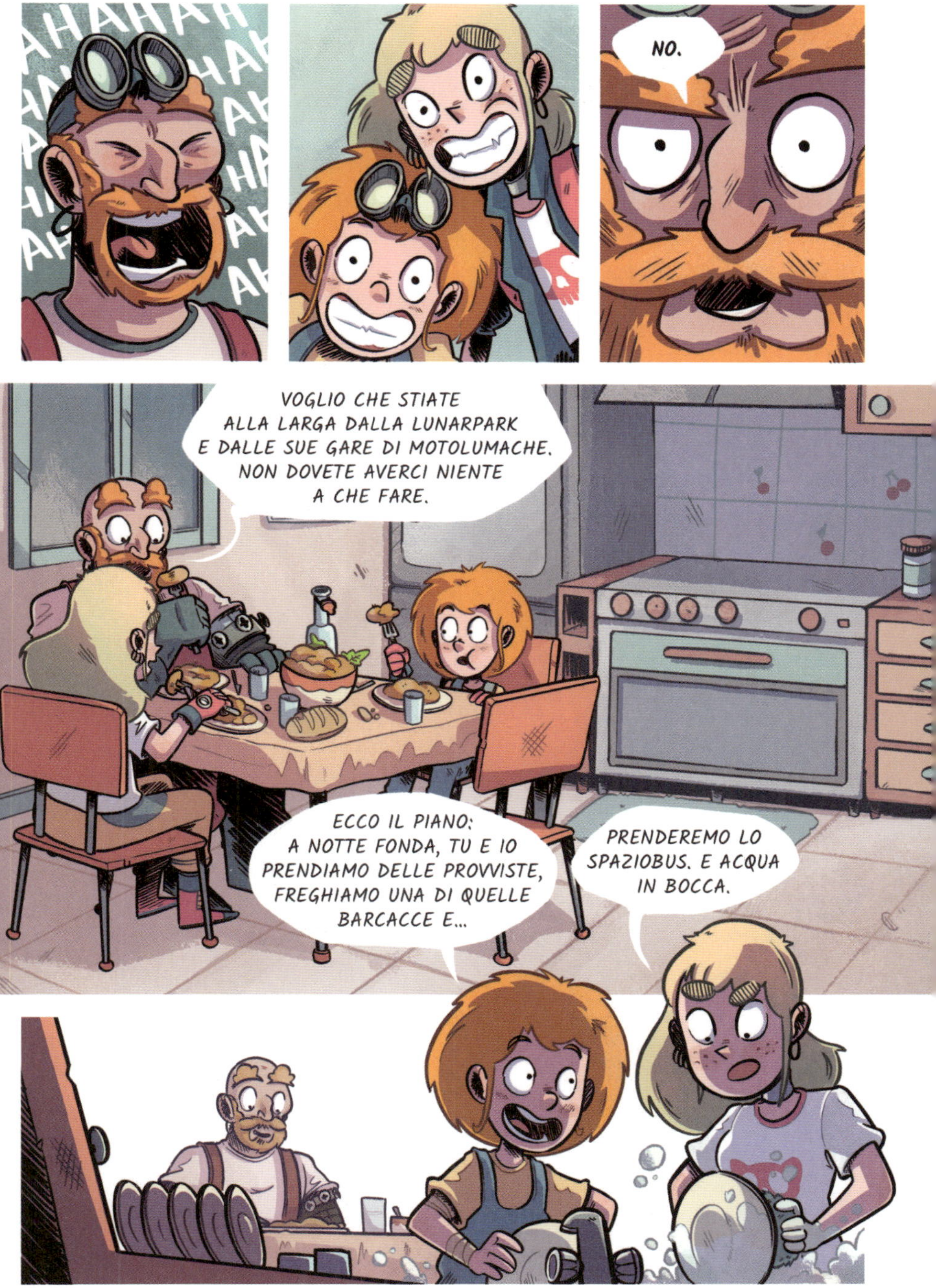

VOGLIO CHE STIATE ALLA LARGA DALLA LUNARPARK E DALLE SUE GARE DI MOTOLUMACHE. NON DOVETE AVERCI NIENTE A CHE FARE.

ECCO IL PIANO: A NOTTE FONDA, TU E IO PRENDIAMO DELLE PROVVISTE, FREGHIAMO UNA DI QUELLE BARCACCE E...

PRENDEREMO LO SPAZIOBUS. E ACQUA IN BOCCA.

RONF!
ECCO FATTO!
OFFICINA
STAX, PERCHÉ TI STAI CALANDO DALLA FINESTRA?
PER SGATTAIOLARE FUORI SENZA FARMI VEDERE.
MA SE PAPÀ RUSSA COSÌ FORTE DA DISTURBARE I VICINI!

TERRA
WOW!

LUNAR PARK
BIGLIETTI

VENDING MACHINE
E DOLCI DOPO CENA!
YUPPI!!
EHI...

NON LASCIARMI
QUI DA SOLA...

THUMP!

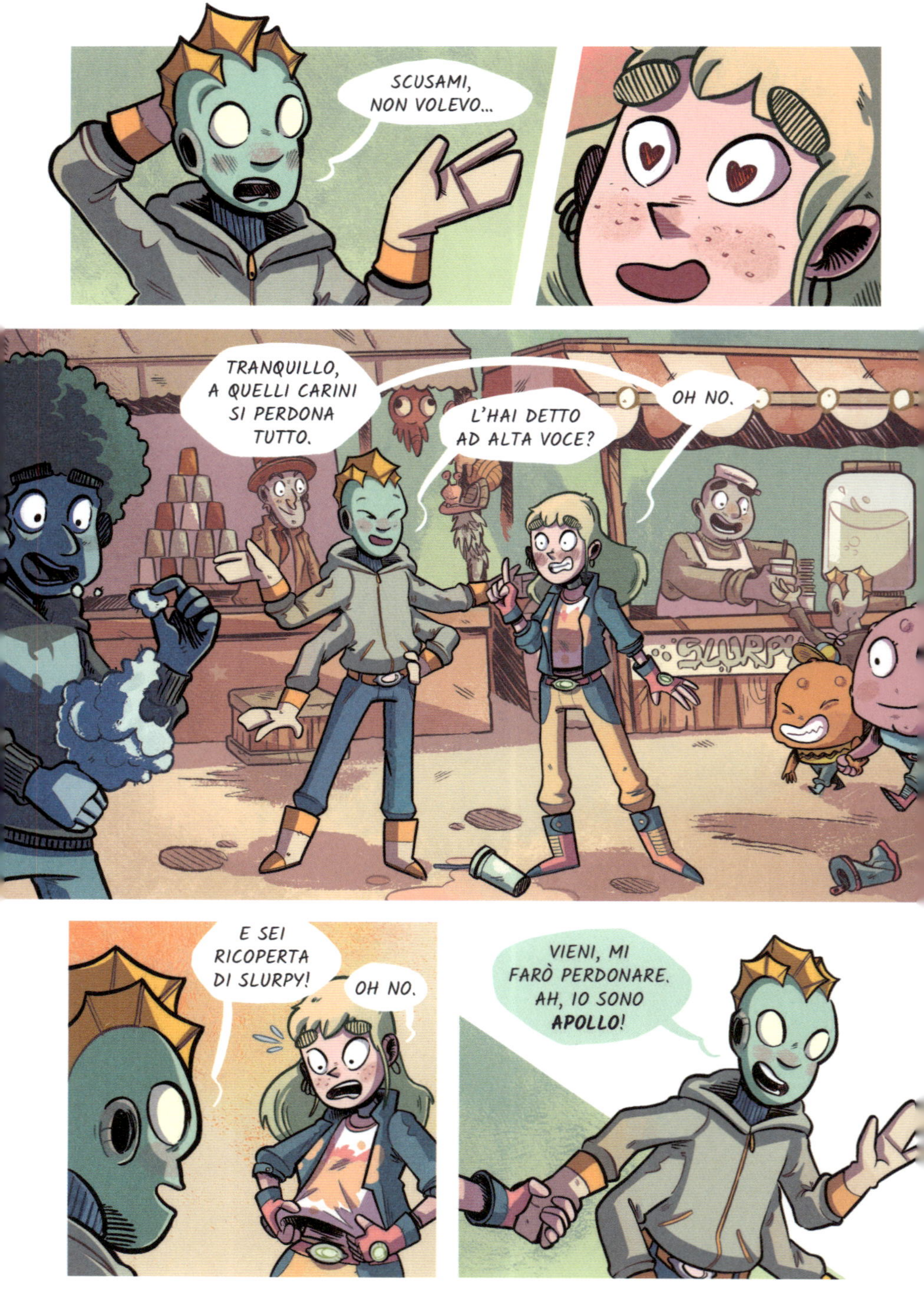

TRANQUILLO, A QUELLI CARINI SI PERDONA TUTTO.

L'HAI DETTO AD ALTA VOCE?

OH NO.

0!
PREMI PERICOLOSI!!!
LI VOGLIO TUTTI!

GUARDA CHE LA STAI HACKERANDO NEL MODO SBAGLIATO.

DEVI SOVRACCARICARE L'OBLITERATORE ALTERNANDO LA CORRENTE. ANDIAMO, SONO COSE DA PRINCIPIANTI.

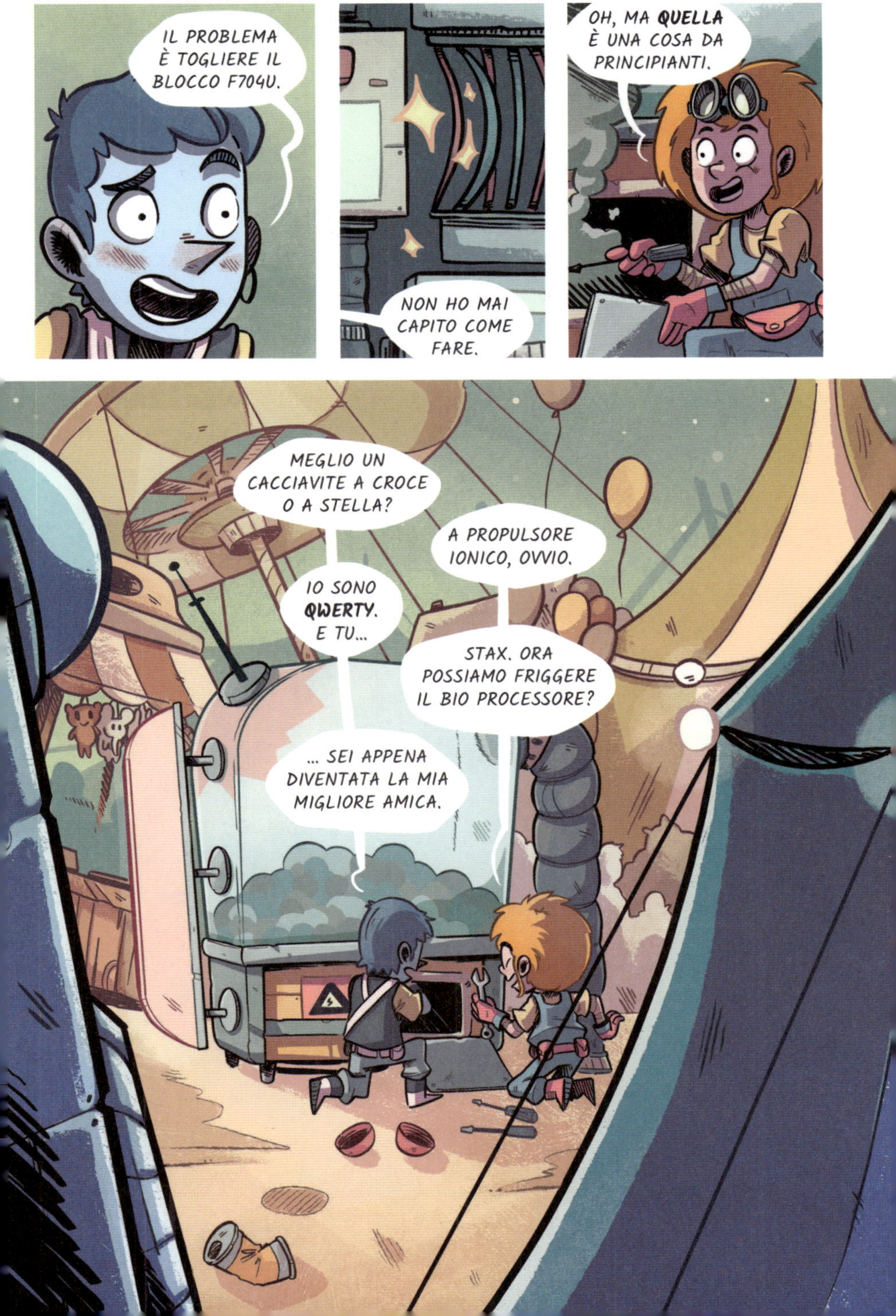

MEGLIO UN CACCIAVITE A CROCE O A STELLA?
A PROPULSORE IONICO, OVVIO.
IO SONO **QWERTY**. E TU...
STAX. ORA POSSIAMO FRIGGERE IL BIO PROCESSORE?
... SEI APPENA DIVENTATA LA MIA MIGLIORE AMICA.

UHM, NON HAI CENATO?

È SUPERGNAM!

... HO VERAMENTE DETTO È **SUPERGNAM**?

SÌ, LO HAI DETTO.

OH CAVOLO, CHE IMBARAZZO.

PROVIAMO QUESTA?
MI HANNO DETTO CHE
È **SUPERWOW**!
TI VA ANCHE
UN FRULLASTRANO
ALLE PERANZANE?
È **SUPERSLURPY** E
MEGAGLUGLU!
TI GIURO CHE
HO FATTO DELLE
MIGLIORI PRIME
IMPRESSIONI.
EHI TU!

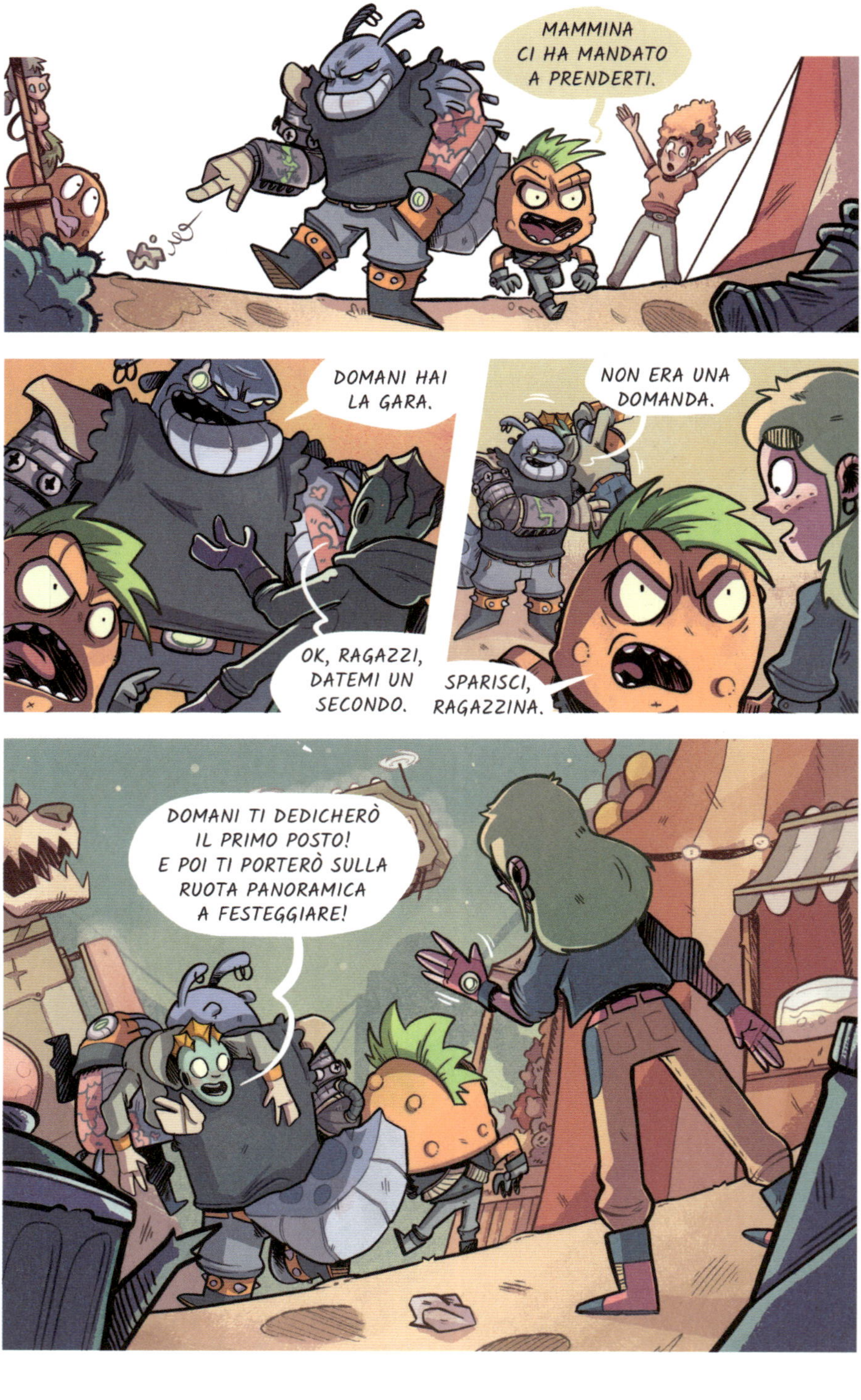

DOMANI TI DEDICHERÒ IL PRIMO POSTO! E POI TI PORTERÒ SULLA RUOTA PANORAMICA A FESTEGGIARE!

ERA BELLISSIMO...
... TUTTI QUEI FILI DA MANOMETTERE!

È EVIDENTE CHE NON STIAMO PARLANDO DELLA STESSA COSA.

BUONANOTTE PER TUTTA LA NOTTE!
MA PERCHÉ TI ARRAMPICHI SE HO LE CHIAVI?

BENVENUTI ALL'ULTIMA GARA DELLA CATEGORIA BRONZO! CHISSÀ SE IL PILOTA MISTERIOSO RIUSCIRÀ A CONQUISTARE IL PODIO E ACCUMULARE ABBASTANZA GETTONI PER PASSARE ALLA CATEGORIA ARGENTO!
PERCHÉ MI FISSANO TUTTI?

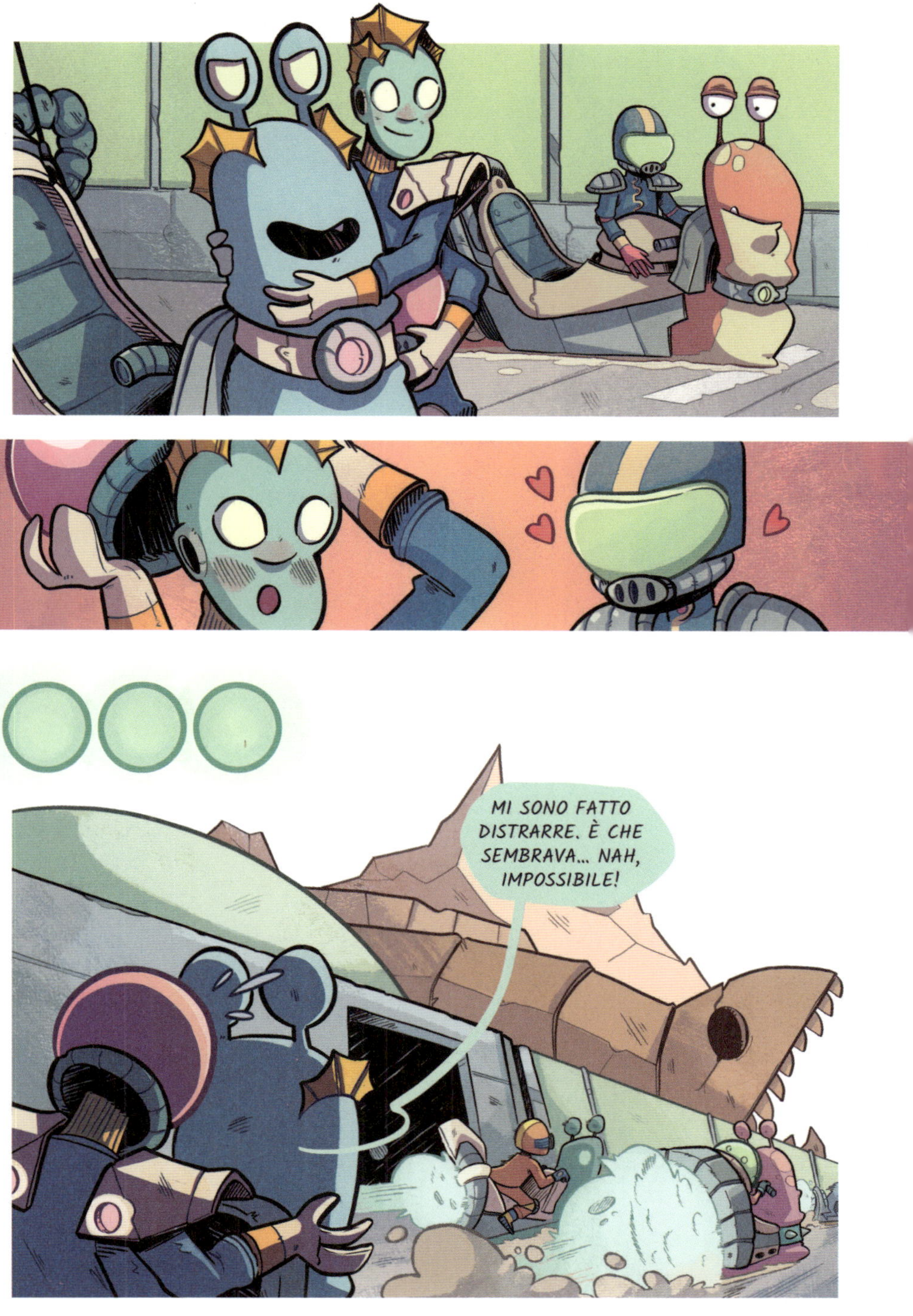

MI SONO FATTO DISTRARRE. È CHE SEMBRAVA... NAH, IMPOSSIBILE!

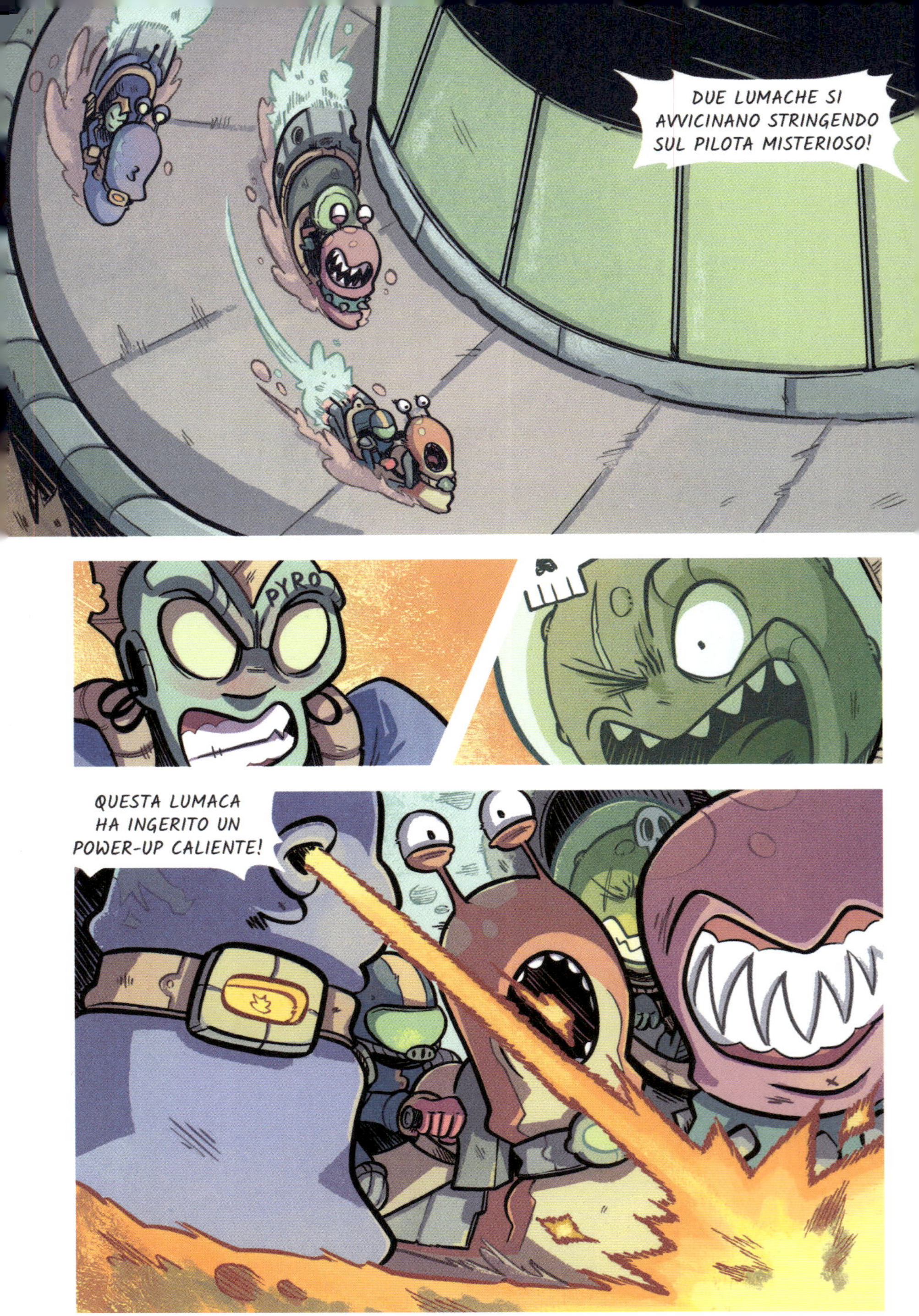

DUE LUMACHE SI AVVICINANO STRINGENDO SUL PILOTA MISTERIOSO!

SKREEE!!
AHI AHI AHI!
DA QUELLA BRUTTA ESPLOSIONE
I PILOTI USCIRANNO CON
QUALCHE OUCH DI TROPPO!
SBOM!

MENO MALE CHE
IERI SERA HO USATO
IL BALSAMO.

TU NON PUOI COMPRARE IL VENTO

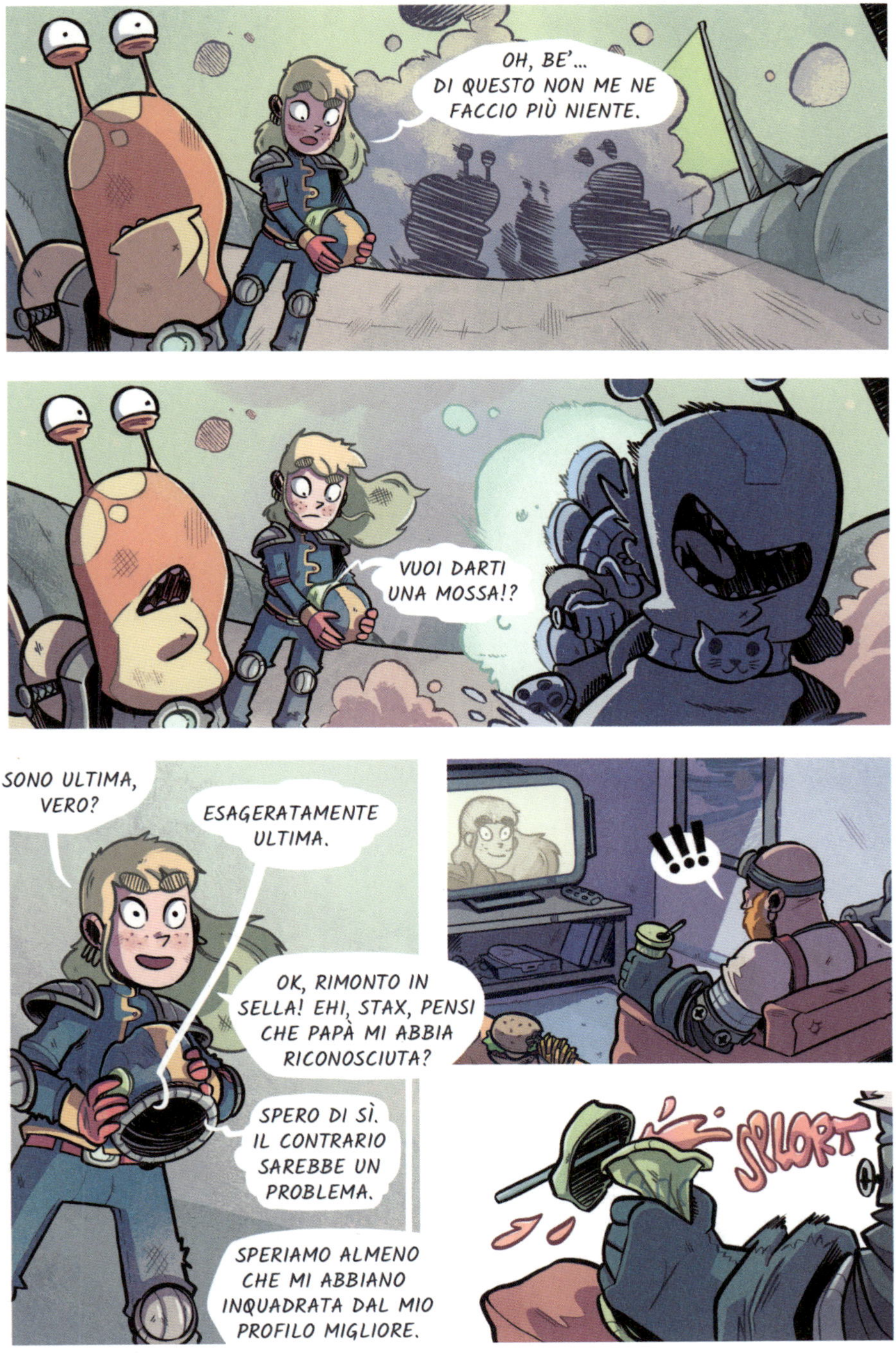

SONO ULTIMA,
VERO?

ESAGERATAMENTE
ULTIMA.

OK, RIMONTO IN
SELLA! EHI, STAX, PENSI
CHE PAPÀ MI ABBIA
RICONOSCIUTA?

SPERO DI SÌ.
IL CONTRARIO
SAREBBE UN
PROBLEMA.

SPERIAMO ALMENO
CHE MI ABBIANO
INQUADRATA DAL MIO
PROFILO MIGLIORE.

!!!

SPLORT

MA È...
UNA RAGAZZA!

SUPERWOW!
TUTTA LA FOLLA HA
FATTO SHHH!

E SAREBBERO
QUESTI I COMPITI
DI ASTROMETRIA?

SKREE

PERMESSO!
OVVIAMENTE
SCHERZO, TI SUPERO
LO STESSO.

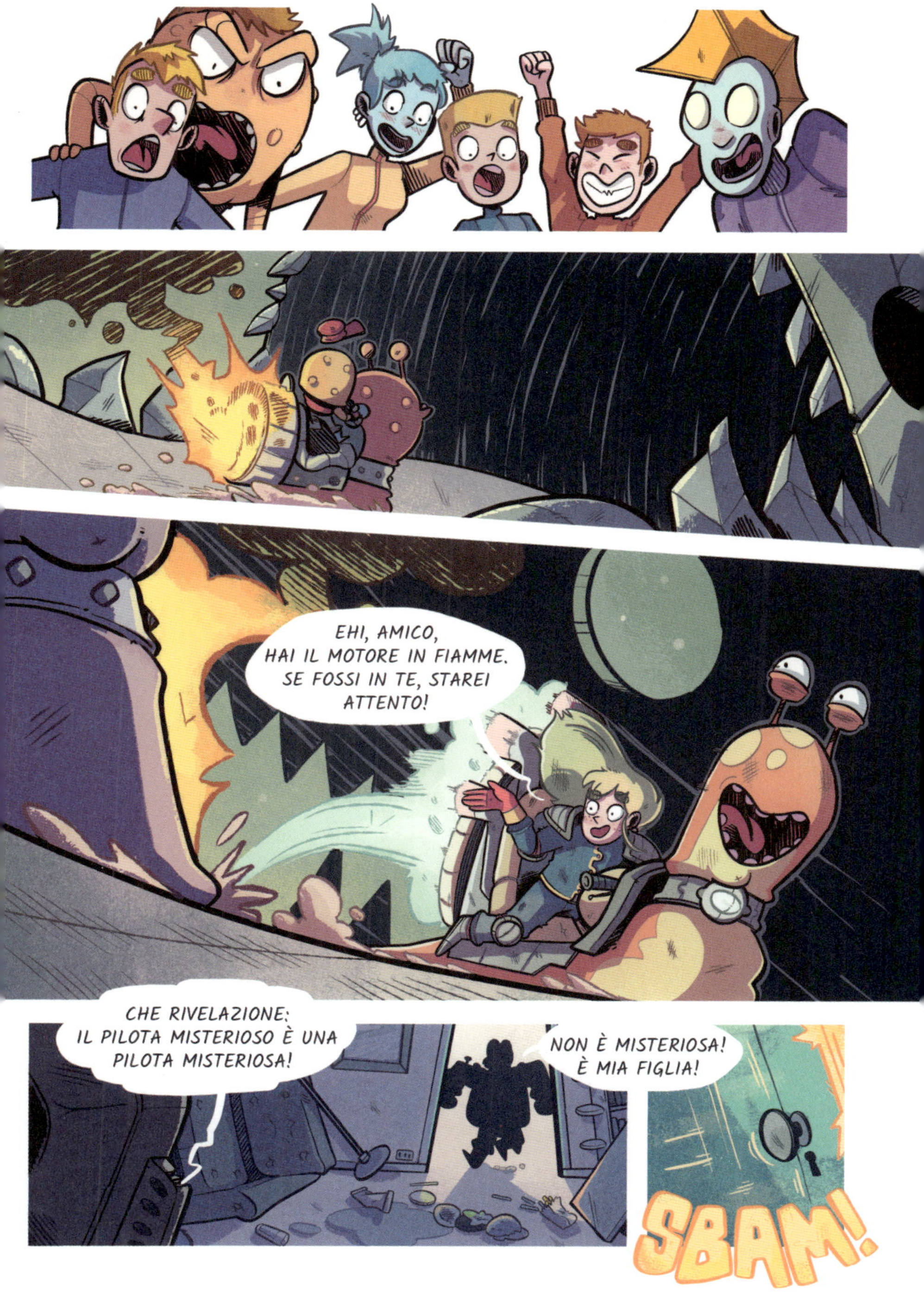

EHI, AMICO,
HAI IL MOTORE IN FIAMME.
SE FOSSI IN TE, STAREI
ATTENTO!

SORPRESA!
MARTHA?
GIÀ. CI VEDIAMO SUL PODIO!
CHE RIMONTA! LA PILOTA MISTERIOSA VINCE L'ULTIMA GARA DELLA **CATEGORIA BRONZO!**

EVVIVA! YAHOO!

SPERIAMO SOLO CHE PAPÀ STESSE GUARDANDO LO SHOULDERBALL.
O POSSIAMO DIRE ADDIO ALLE CORSE.

CI FARÀ LA PELLE, VERO?
OH SÌ, E ANCHE LE OSSA E I MUSCOLI!
PERÒ SEI STATA INCREDIBILE! MAMMA SAREBBE STATA FIERA DI TE!

GIÀ... SEMBRAVA DI CORRERE CON IL VENTO A FAVORE! O FORSE ERA LEI A SOFFIARMELO! QUANDO GIRO IN PISTA LA SENTO COSÌ VICINA!

DRIN
DRIN

MI AVETE APPENA ROVINATO LA CENA.

URRÀ URRÀ!
VIVA LA CAMPIONESSA IN CARICA!
SCENDI IMMEDIATAMENTE!

CI PENSO IO ORA.
STA' FERMO.
SISTEMATE QUESTO DISASTRO. SUBITO.

TESORO, VALE ANCHE PER TE. HO GIÀ ABBASTANZA GUAI DA GESTIRE.

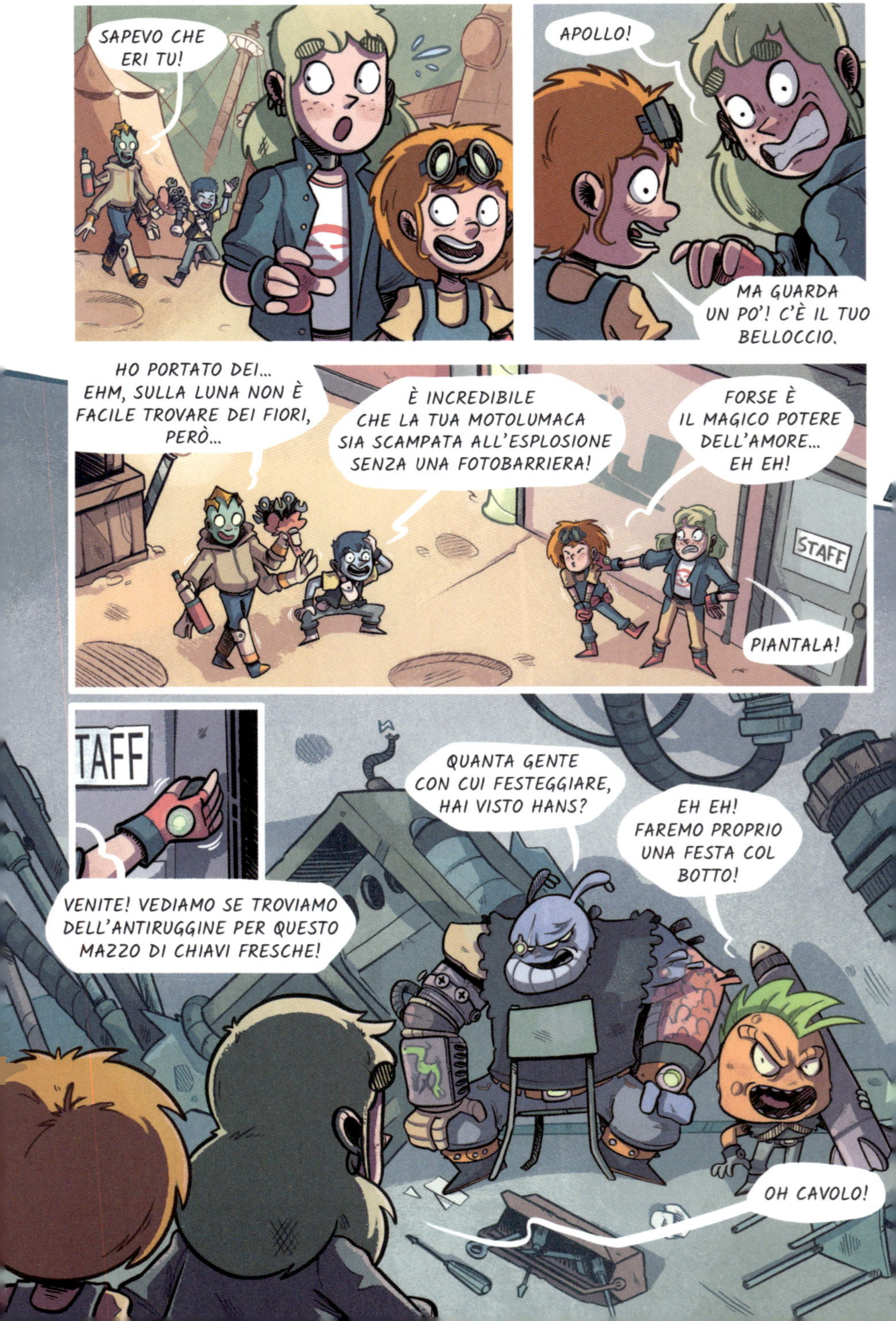

HO PORTATO DEI... EHM, SULLA LUNA NON È FACILE TROVARE DEI FIORI, PERÒ...

È INCREDIBILE CHE LA TUA MOTOLUMACA SIA SCAMPATA ALL'ESPLOSIONE SENZA UNA FOTOBARRIERA!

FORSE È IL MAGICO POTERE DELL'AMORE... EH EH!

STAFF

PIANTALA!

TAFF

VENITE! VEDIAMO SE TROVIAMO DELL'ANTIRUGGINE PER QUESTO MAZZO DI CHIAVI FRESCHE!

QUANTA GENTE CON CUI FESTEGGIARE, HAI VISTO HANS?

EH EH! FAREMO PROPRIO UNA FESTA COL BOTTO!

OH CAVOLO!

HO SENTITO BATTUTE DECISAMENTE MIGLIORI.
VI PREGO, LASCIATECI IN PACE...

CARICAAA!
FERMO! QUESTI NON SCHERZANO!
UOMINI... DEVONO SEMPRE DIMOSTRARE QUALCOSA.
A TE CI PENSO IO! EH EH!

VAI, REITER! PASSA QUA CHE FACCIO UN FUORI CAMPO!
MI SA CHE PAPÀ CI HA BECCATE!
MARTHA, STAX, DOVE SIETE?!
DAL BAZOOKA ALLA BRACE!

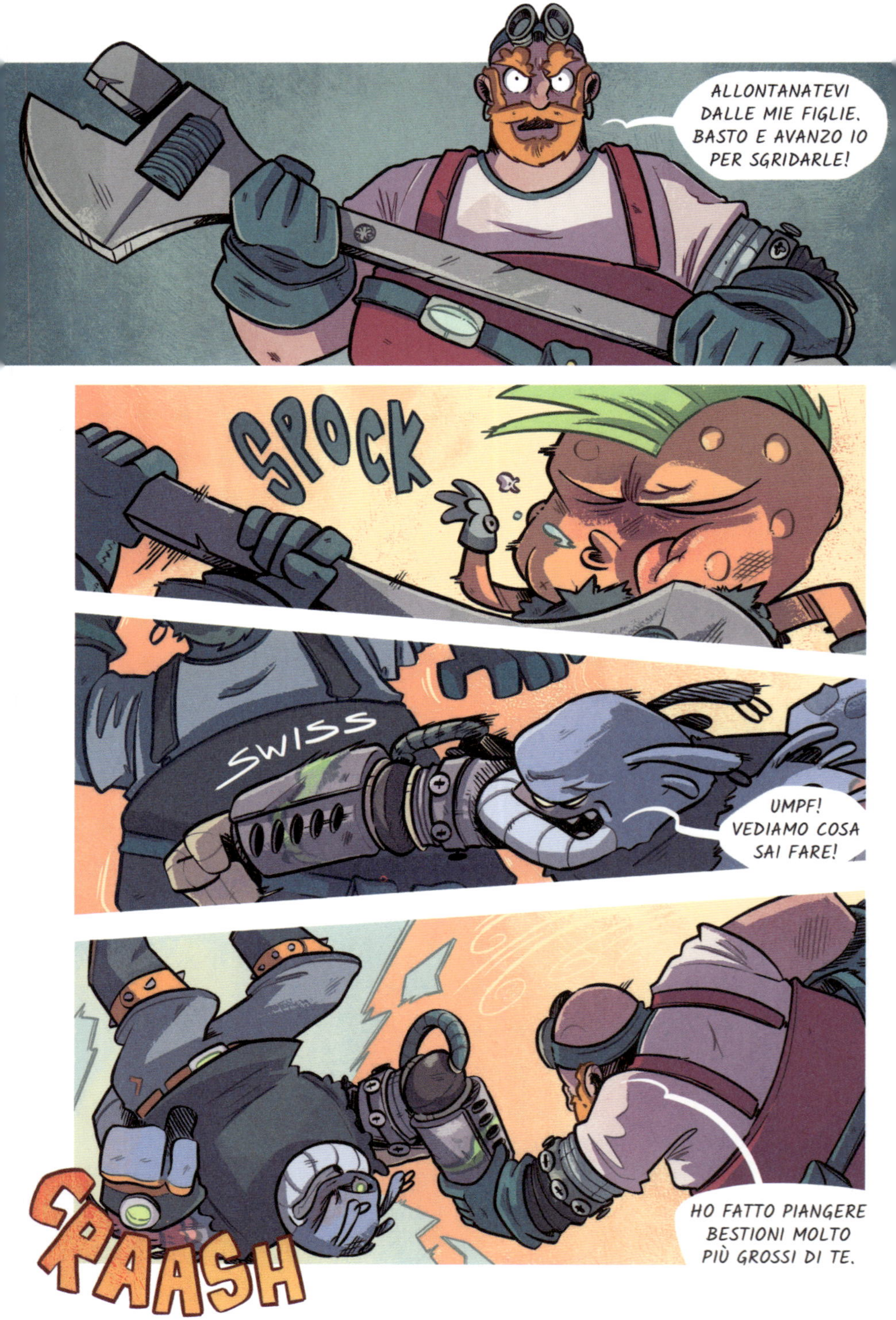

SPOCK

SWISS

UMPF!
VEDIAMO COSA
SAI FARE!

SBAM!
HAI VISTO CHE BOTTA?
L'HO ANCHE SENTITA!

PER QUEL CHE CONTA, ALMENO IO VADO BENE A SCUOLA.

VOI, TUTTI SULLA NAVIMACCHINA. SUBITO. A CASA FACCIAMO I CONTI.

?!
DITE CHE
È ARRABBIATO
O ARRABBIATO
ARRABBIATO?

ARRABBIATISSIMISSIMO.
PREPARATEVI AL PEGGIO.

POTREMMO
NON SUPERARE
LA NOTTE.

IO NON SO
COSA TI PASSA
PER LA TESTA!
ZAK ZAK
ZAK

SAI BENISSIMO QUANTO SONO
PERICOLOSE LE CORSE DI
MOTOLUMACHE E CHE TE LE
AVEVO VIETATE!

CE L'HO ANCHE
CON TE! NON PENSARE
DI PASSARLA LISCIA!
SIETE DUE
IRRESPONSABILI!

MA NON AVETE
PAURA? SEMBRA CHE LO
STIATE IGNORANDO.
SIAMO TERRORIZZATE.
MA LE GARE METTONO FAME.
E POI LUI URLERÀ PER TUTTA LA CENA.
TANTO VALE MANGIARE
NEL FRATTEMPO.

È VERO CHE ABBIAMO CORSO SENZA DIRTELO, MA DOVEVI VEDERE MARTHA! HA DERAPATO IN CURVA, GLI AVVERSARI LE STAVANO ADDOSSO CON MOTOLUMACHE CHE SPUTAVANO FUOCO, ESPLOSIONI DA TUTTE LA PARTI! **BUM BUM!** E MARTHA CORREVA COME IL VENTO!
FORSE È MEGLIO NON SCENDERE NEI DETTAGLI...

ESPLOSIONI! FUOCO! MA TI RENDI CONTO DI COSA HAI RISCHIATO?!
SÌ, LO SO... MA È CHE...

TRANQUILLO, HO FATTO DELLE MODIFICHE A PIXEL, LA NOSTRA LUMACA! ORA CON LE VITI MAGNETICHE MARTHA... **FTIUUUUM!** TAGLIA LE CURVE COME NIENTE!

NO, STAX ESAGERA! IO RALLENTO SEMPRE! INDOSSAVO ANCHE IL CASCO! BE', FINO A CHE NON SI È ROTTO.
ORA BASTA! CONOSCO BENE IL BRIVIDO DELLA GARA, ERO UN PILOTA ANCH'IO. MA SO ANCHE QUANTO SONO PERICOLOSE.

NON POTREI SOPPORTARE DI PERDERVI, COME È SUCCESSO CON VOSTRA MADRE.

ORA BASTA.
FINIAMO DI CENARE.
NE RIPARLEREMO DOMANI MATTINA.
LUCI SPENTE TRA DIECI MINUTI! IO GUARDO UN PO' DI SHOULDERBALL E POI VENGO A CONTROLLARE!
CON UNA SQUADRA DEL GENERE NON BATTERAI MAI I SUPERQUATTRO!
SCOMMETTIAMO?
TRA DIECI MINUTI STARÀ GIÀ DORMENDO.
E NOI CI VEDIAMO TRA VENTI MINUTI SUL TETTO. VOGLIO FARTI VEDERE UNA COSA.
RONF

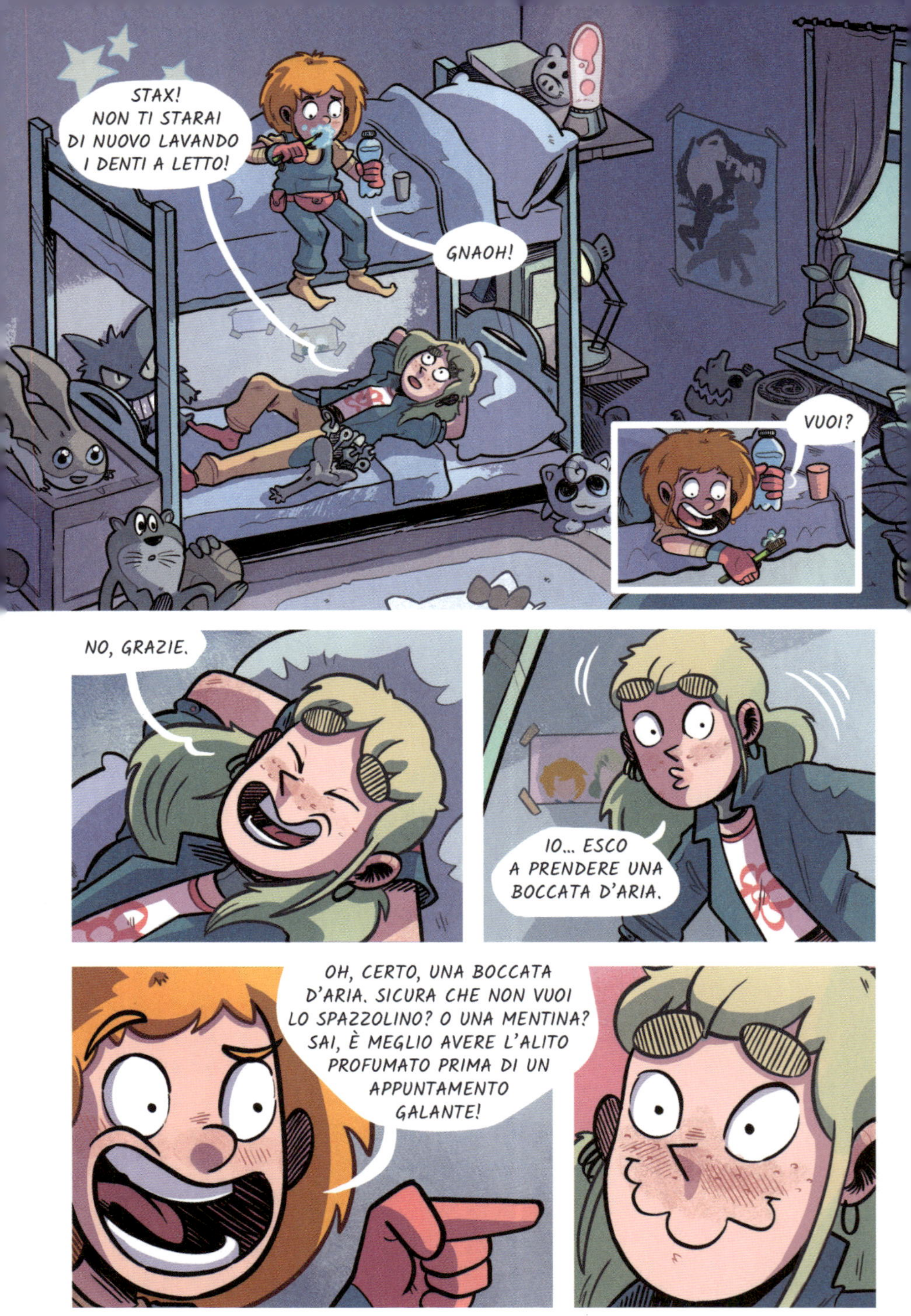

STAX!
NON TI STARAI DI NUOVO LAVANDO I DENTI A LETTO!
GNAOH!
VUOI?

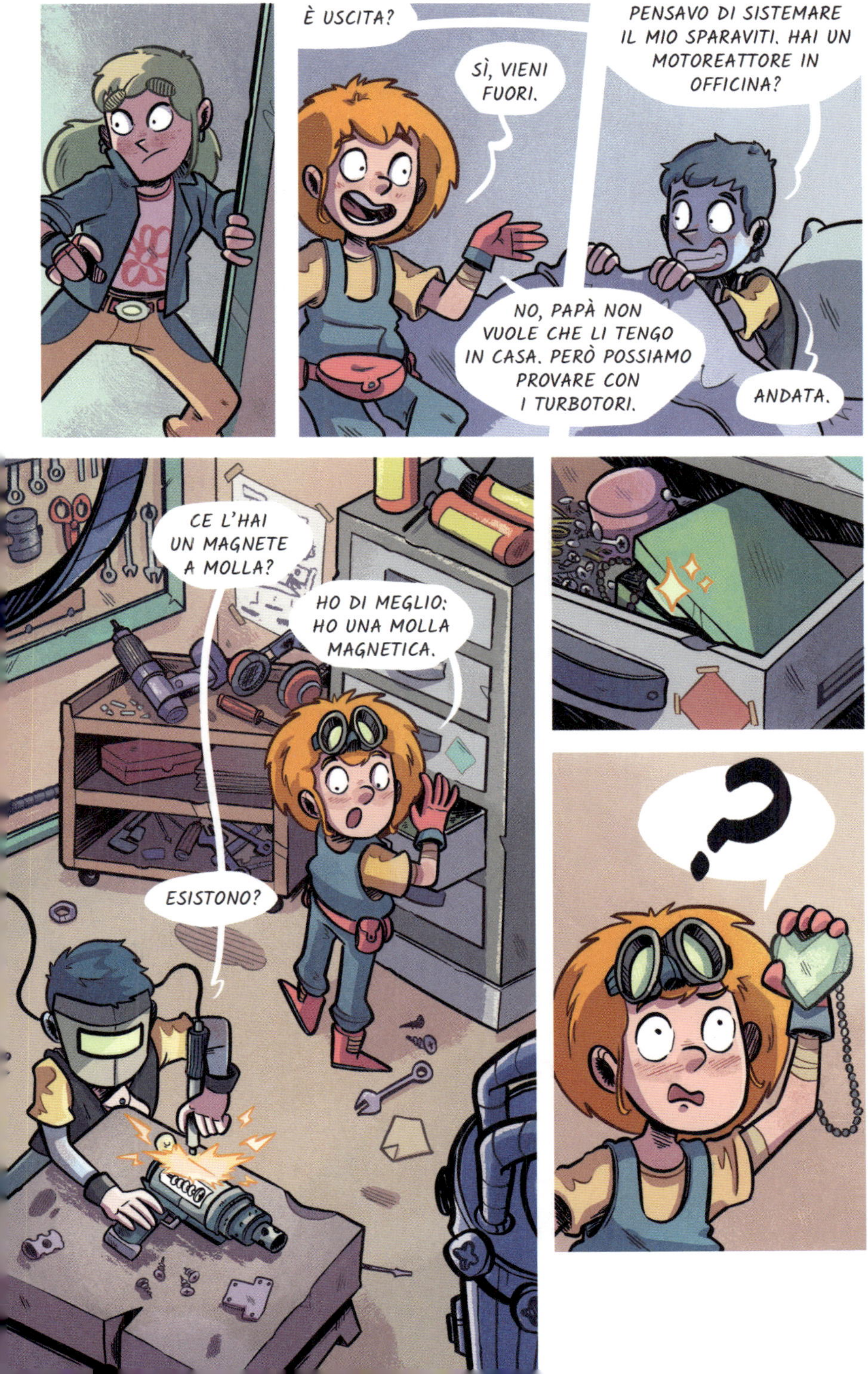

CE L'HAI UN MAGNETE A MOLLA?

HO DI MEGLIO: HO UNA MOLLA MAGNETICA.

ESISTONO?

SCUSA, TI ABBIAMO PRATICAMENTE RAPITO.
INVECE VI RINGRAZIO. CASA MIA È... DIVERSA.
DUBITO CHE SIA PEGGIO DI COSÌ.
NON HO MAI VOLUTO CORRERE. MI COSTRINGONO I MIEI. CERCO DI DIRGLIELO, OGNI VOLTA, MA LORO... NON ASCOLTANO.
NON LO SAPEVO...
VORREI ESSERE CORAGGIOSO COME TE. TU CORRI PERCHÉ TI PIACE FARLO, NON PERCHÉ DEVI.

PER UNA VOLTA VORREI SOLO POTER SCEGLIERE IO.
E ALLORA ANDIAMO!

DOVE?
A DIRLO AI TUOI!
MA...
NIENTE MA! SE TI VOGLIONO BENE CAPIRANNO!

LA SAI
GUIDARE?
SCHERZI? HO APPENA VINTO LA CATEGORIA BRONZO, SONO LA PILOTA PIÙ PROMETTENTE DELLO SPAZIO.
SCUSA, ERA UNA...

UNA BATTUTA. E IO NON L'HO CAPITA.
O'CONNOR1

SEI PREOCCUPATO?
IO... NON SONO SICURO DI FARCELA.
LE GARE NON SI VINCONO DA SOLI. SEI TU CHE CORRI, MA QUESTA VOLTA CI SONO IO A FARTI DA AIUTO PILOTA.

AVANTI! DOBBIAMO INTRUFOLARCI!
OPPURE POSSIAMO SUONARE. DOPOTUTTO È ANCORA CASA MIA.

TAP!

FORSE È MEGLIO SE...

... ENTRIAMO INSIEME.

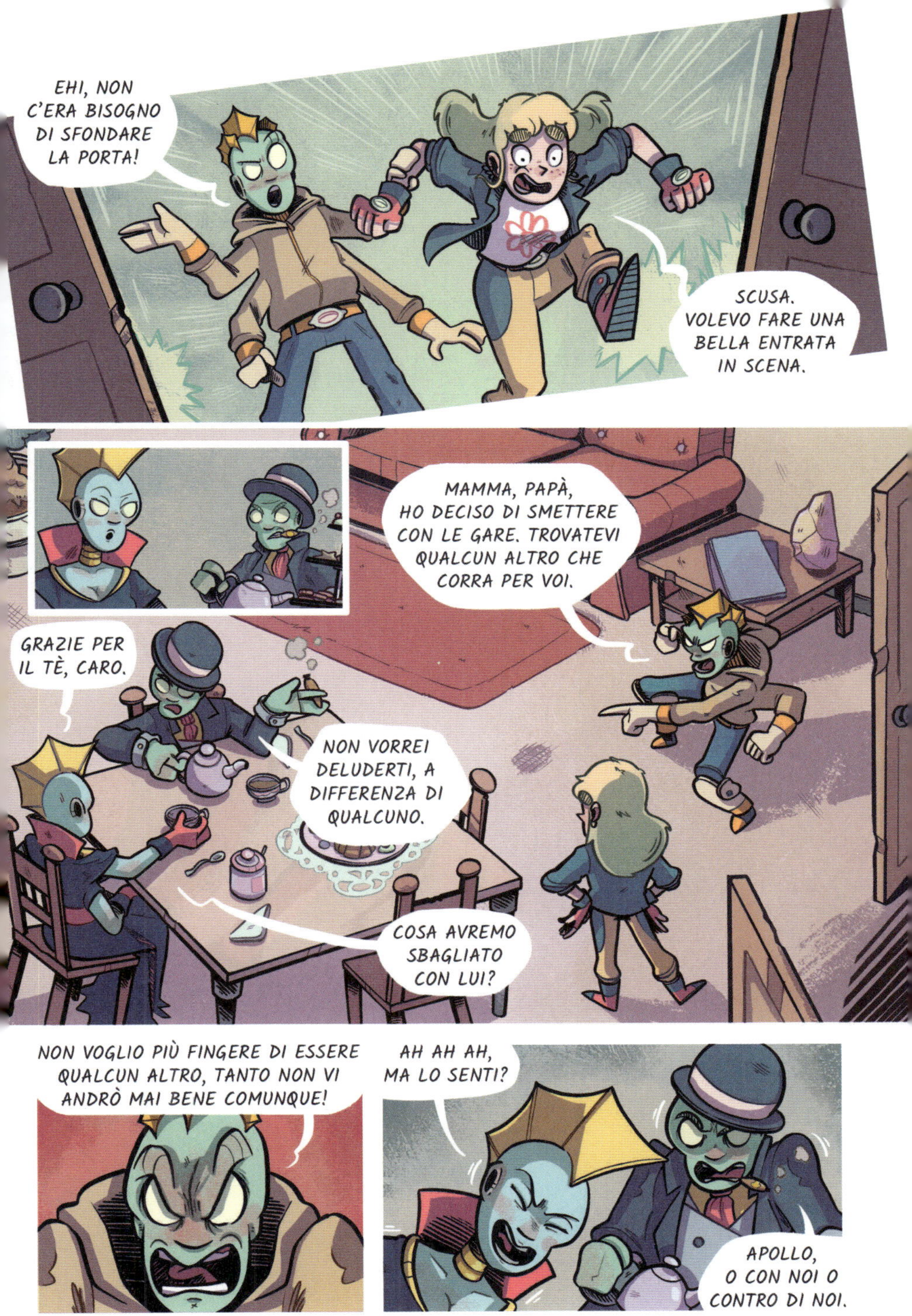

EHI, NON C'ERA BISOGNO DI SFONDARE LA PORTA!

SCUSA. VOLEVO FARE UNA BELLA ENTRATA IN SCENA.

MAMMA, PAPÀ, HO DECISO DI SMETTERE CON LE GARE. TROVATEVI QUALCUN ALTRO CHE CORRA PER VOI.

GRAZIE PER IL TÈ, CARO.

NON VORREI DELUDERTI, A DIFFERENZA DI QUALCUNO.

COSA AVREMO SBAGLIATO CON LUI?

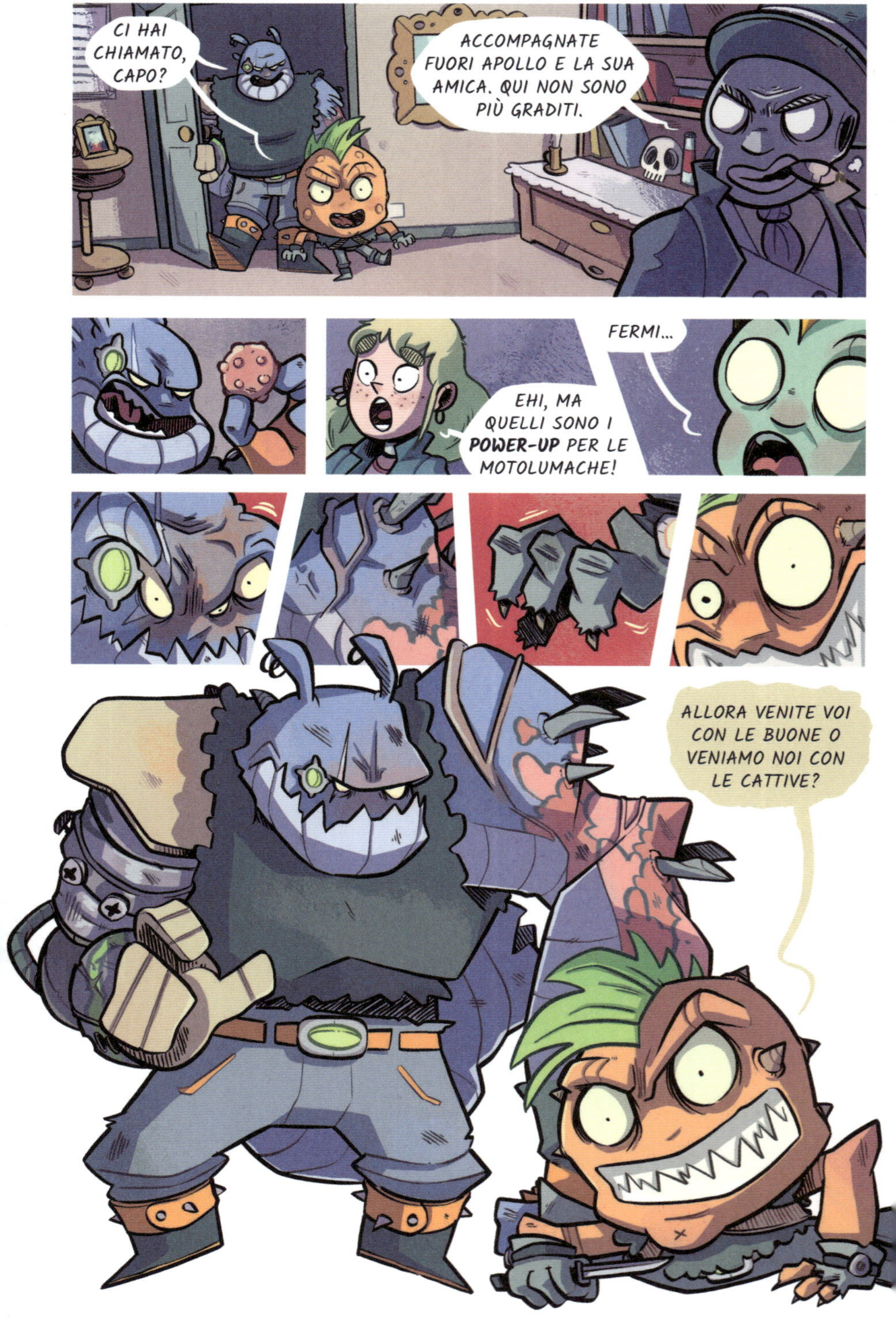

ALLORA VENITE VOI CON LE BUONE O VENIAMO NOI CON LE CATTIVE?

MI RIMANGIO
QUELLO CHE TI HO DETTO
SUL TETTO. LA TUA FAMIGLIA
È DECISAMENTE PEGGIO!
APOLLO!
GIRATI, GIRATI!
NO, ANZI, CORRI!
CORRI!
DI QUI!
SBRIGATI!

VENTURI
LABS
SBRIGATI TU!
EHI, C'È QUALCOSA DI STRANO IN QUESTA LUMACA...
SIEDITI CHE PARTIAMO!
SAI, I MIEI NON MI HANNO MAI TENUTO IN GRANDE CONSIDERAZIONE... QUESTO MODO DI VOLERMI QUASI MI LUSINGA.
SIGH! A ME QUASI MANCA MIO PADRE.

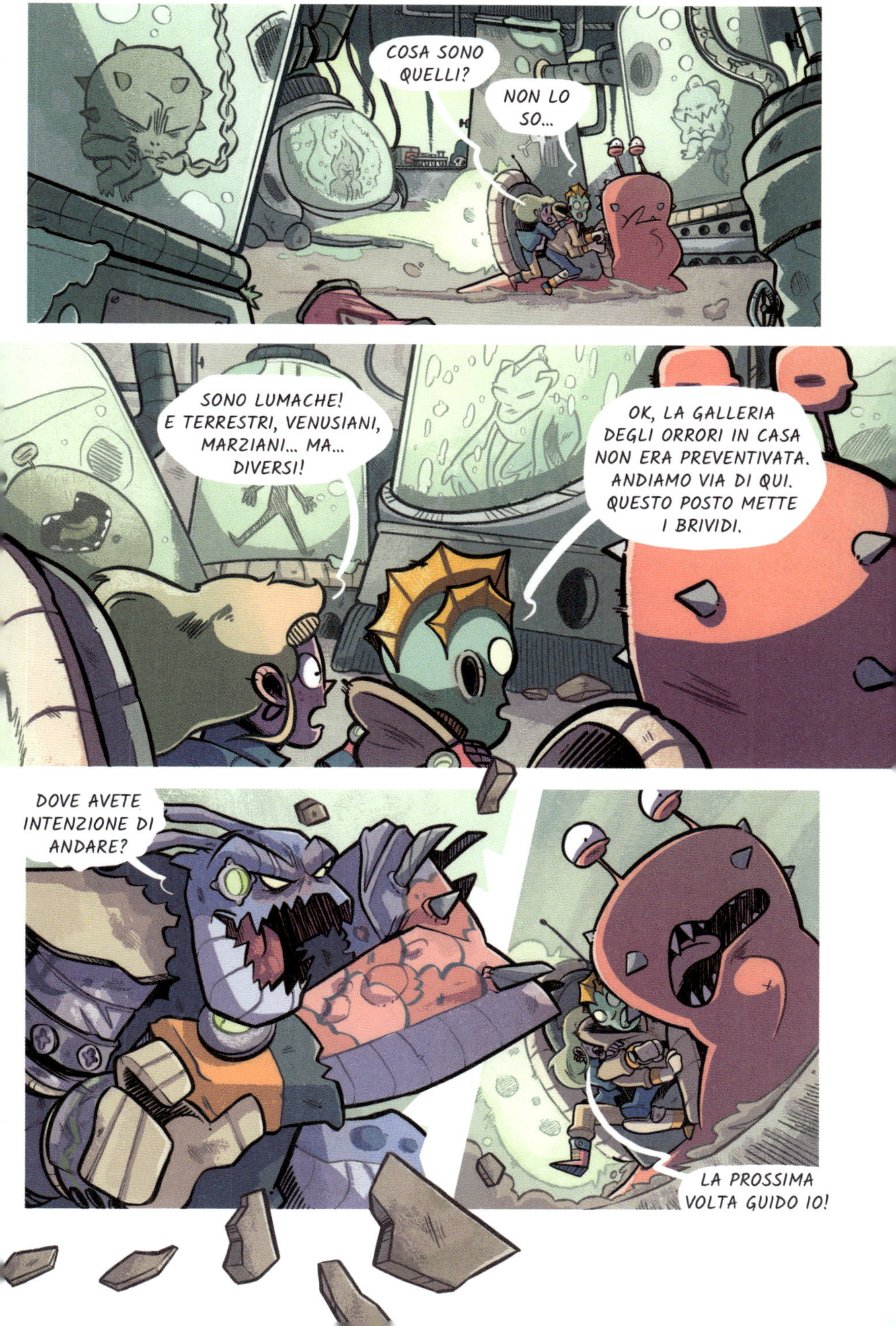

SONO LUMACHE! E TERRESTRI, VENUSIANI, MARZIANI... MA... DIVERSI!

OK, LA GALLERIA DEGLI ORRORI IN CASA NON ERA PREVENTIVATA. ANDIAMO VIA DI QUI. QUESTO POSTO METTE I BRIVIDI.

DOVE AVETE INTENZIONE DI ANDARE?

LA PROSSIMA VOLTA GUIDO IO!

HEHE
CI STA LANCIANDO DEI **MISSILI**! PERCHÉ NON SIAMO ANDATI A DORMIRE COME AVEVA DETTO MIO PADRE?
GIRA A DESTRA!

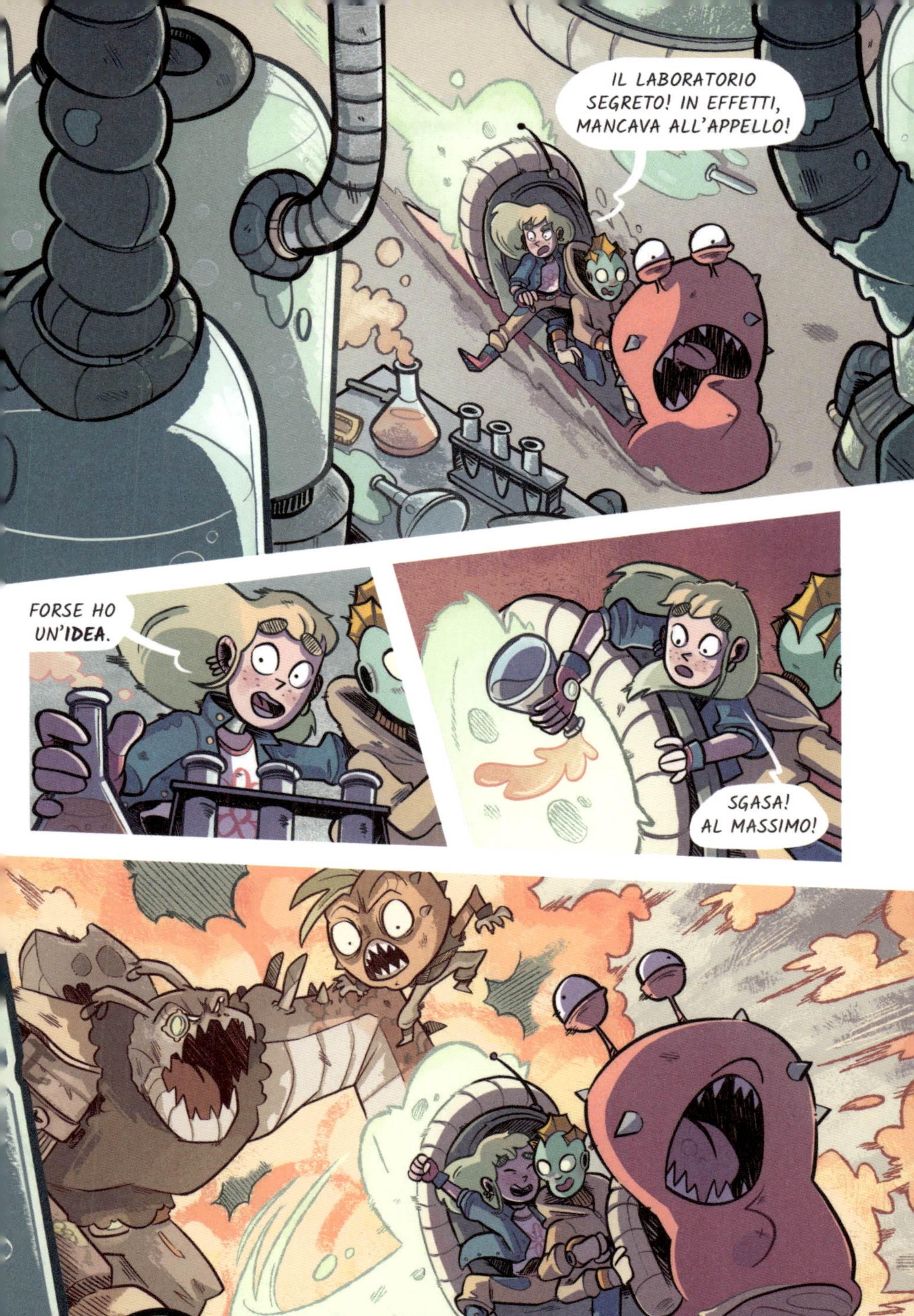
IL LABORATORIO SEGRETO! IN EFFETTI, MANCAVA ALL'APPELLO!
FORSE HO UN'**IDEA**.
SGASA! AL MASSIMO!

POTREI AVERE APPENA DISTRUTTO LA CASA DEI TUOI GENITORI.
OH BE', NON È L'UNICA CHE HANNO.
BOOM!

SCUSAMI, NON VOLEVO METTERTI IN PERICOLO.

RAGAZZINI, RESTATE LONTANI DALLE FIAMME.

CI È ARRIVATA UNA SEGNALAZIONE. STAVAMO GIÀ TENENDO D'OCCHIO LA FAMIGLIA VENTURI PER TRAFFICO ILLECITO DI MODIFICHE GENETICHE. È LA VOLTA BUONA CHE LI INCASTRIAMO.

LA SPADA CHE TAGLIA IL VENTO

ALLORA, PAPÀ, CI HAI DORMITO SU? ADESSO SIAMO UFFICIALMENTE NELLA **CATEGORIA ARGENTO**!
PESA PIÙ DEL PREVISTO!

CI ALLENI?

E CI DAI ANCHE I PROGETTI DELLA MOTOLUMACA DI MAMMA?
PER FAVORE, PER FAVORE?

NO,
SCORDATEVELO.

SAPEVAMO CHE SAREBBE STATA DIFFICILE.
È VERO, MA COSÌ È IMPOSSIBILE!
VE L'HO GIÀ DETTO: NON VOGLIO CHE CORRIATE.
VOSTRA MADRE ERA LA MIGLIORE, EPPURE NON È BASTATO. E ORA NON C'È PIÙ.

MA I PROGETTI DI MAMMA CI PERMETTEREBBERO DI CORRERE PIÙ SICURE.
BASTA CON QUESTE MALEDETTE CORSE.
NON VI VOGLIO PIÙ SICURE, VI VOGLIO VIVE!

PARLI SEMPRE DI QUELLO CHE VUOI TU...

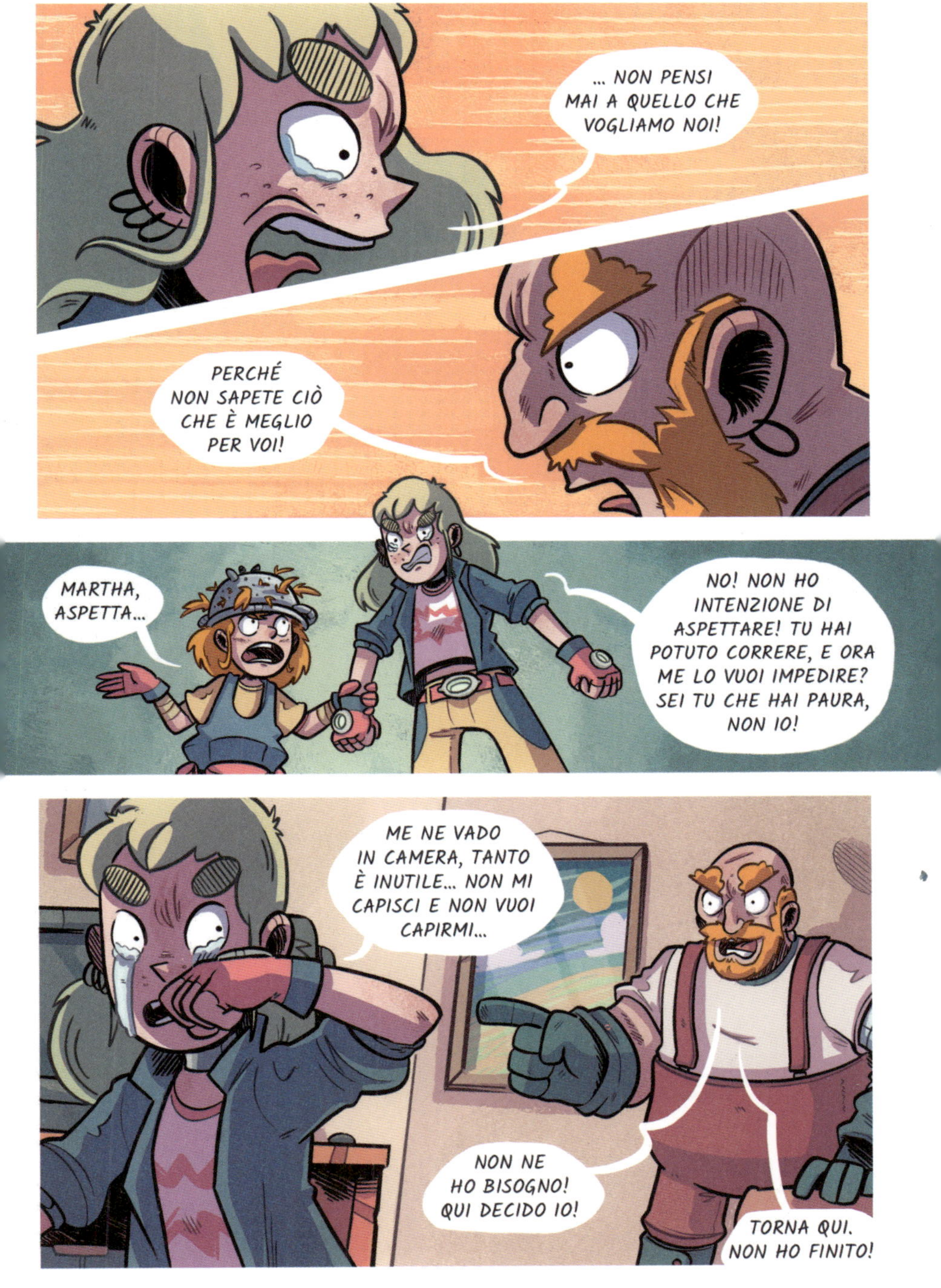

... NON PENSI MAI A QUELLO CHE VOGLIAMO NOI!

PERCHÉ NON SAPETE CIÒ CHE È MEGLIO PER VOI!

MARTHA, ASPETTA...

NO! NON HO INTENZIONE DI ASPETTARE! TU HAI POTUTO CORRERE, E ORA ME LO VUOI IMPEDIRE? SEI TU CHE HAI PAURA, NON IO!

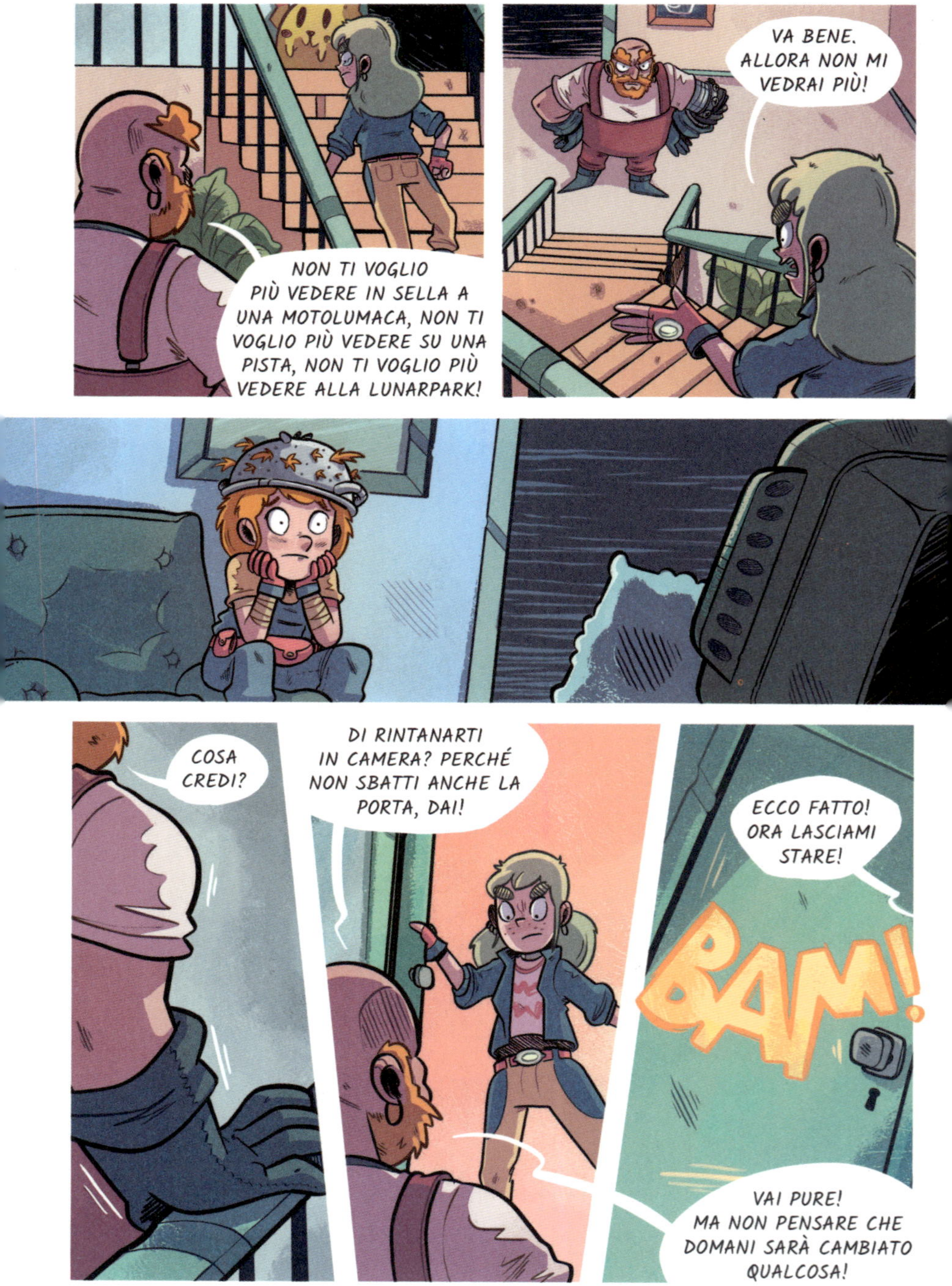

COSA CREDI?

DI RINTANARTI IN CAMERA? PERCHÉ NON SBATTI ANCHE LA PORTA, DAI!

ECCO FATTO! ORA LASCIAMI STARE!

BAM!

VAI PURE! MA NON PENSARE CHE DOMANI SARÀ CAMBIATO QUALCOSA!

RONF!
RUSSA. ANDIAMO.

SWOOOSH!
FA' SILENZIO!

PRESTO! I PROGETTI DOVRANNO PUR ESSERE DA QUALCHE PARTE!
CHI CERCA TROVA!
I PILOTI DELLA CATEGORIA ARGENTO SONO TOSTI! DOBBIAMO MIGLIORARE SE VOGLIAMO VINCERE!

LAVARTI I DENTI NON È MAI STATO IL TUO FORTE.
DAI, TORNIAMO A CERCARE QUALCOSA DI UTILE...
LE FOTO ERANO IN QUESTA SCATOLA!
E QUESTO... COS'È?

L'HO TROVATO CON QWERTY, POI L'HO RIMESSO VIA SENZA PENSARCI. QUEL CIONDOLO HA QUALCOSA DI PARTICOLARE, MA NON RIESCO A CAPIRE COSA...

ERA DELLA MAMMA...

COME MI STA?

PAM PAM!

MAMMA!

GUARDA IL MIO SPARAVITI!
...

SHHH.

L'HO FATTO IO, SAI? MODESTAMENTE, È UN CAPOLAVORO DI MECCANICA.

SPOSTATI, QWERTY.

QUESTA È LA PRIMA GARA NELLA CATEGORIA ARGENTO PER L'EX-PILOTA MISTERIOSA!

PERCHÉ NON VAI IN CAMERA CON I TUOI GIOCATTOLINI?
VEDIAMO COME SE LA CAVA SOTTO I COLPI DI QUEL VENUSIANO!

SONO NELLA BAVA!

LA SOLITA ESAGERATA!

BAM!
DICO SUL SERIO! GLI SCUDI SEMBRANO SUL PUNTO DI SPEZZARSI!

SENZA SEMBRA. SI SONO ROTTI.

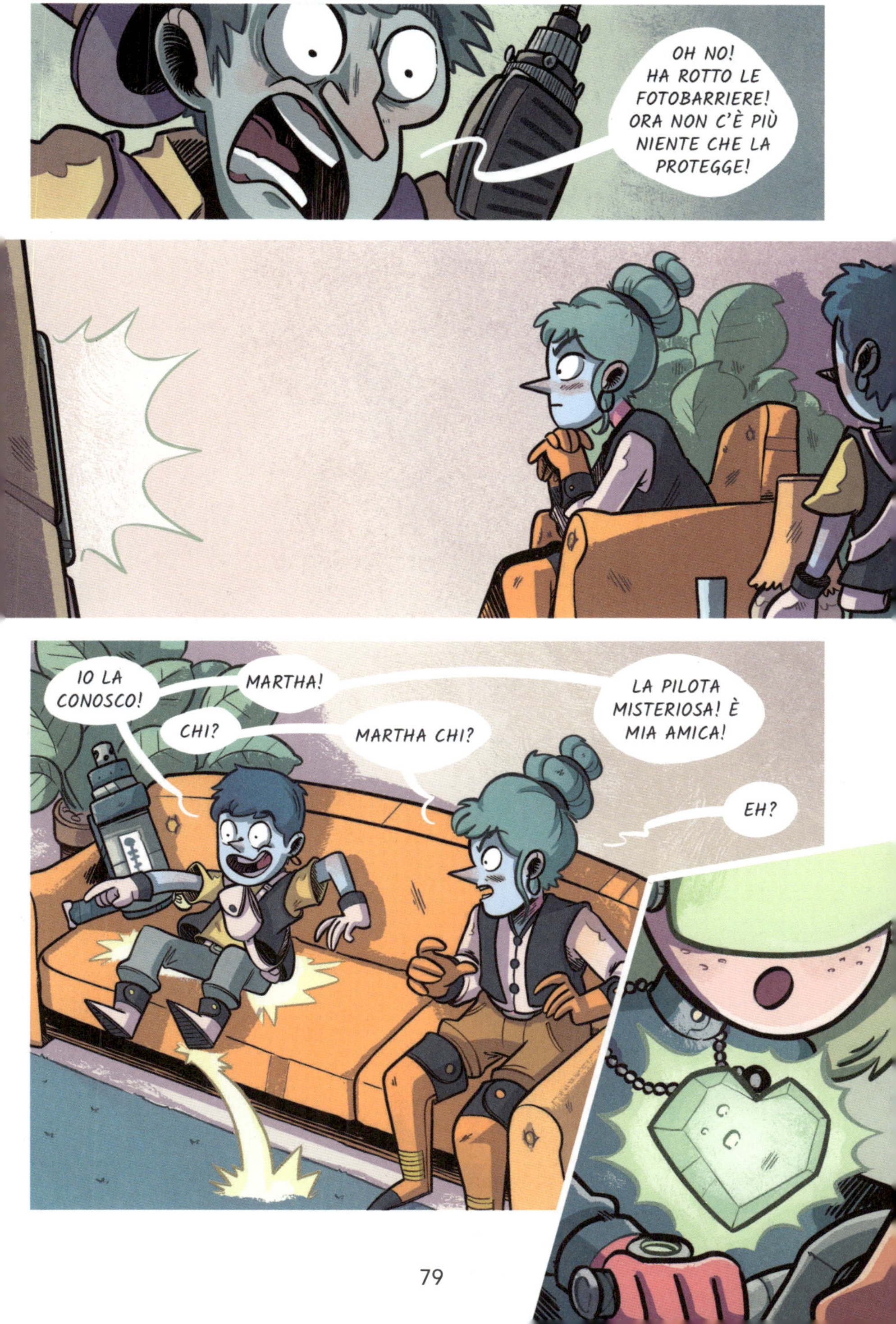

IO LA CONOSCO!

MARTHA!

CHI?

MARTHA CHI?

LA PILOTA MISTERIOSA! È MIA AMICA!

EH?

HA SUPERATO TUTTI!
ZAP
NON RIESCO A FERMARMI!!
STAX!
FAI QUALCOSA! STO PER ANDARE A SBATTERE! E FORSE STO PURE ANDANDO A FUOCO!
SBAM!

ECCO, LEI!
?

TI RICORDI QUANDO TI HO CHIESTO DI MANDARE LA COSMOLIZIA SU SATURNO?

L'ARRESTO DELLA FAMIGLIA VENTURI? QUELLI CHE VENDEVANO MODIFICHE GENETICHE NON AUTORIZZATE?
SÌ, BE'... QUESTO NON LO SAPEVO. VOLEVO SOLO AIUTARE STAX CHE ERA PREOCCUPATA PER SUA SORELLA MARTHA.

ORA NON HO TEMPO PER LE TUE STORIE, DEVO ANDARE ALLA LUNARPARK A CAPIRE SE LA TUA AMICA MI STA FREGANDO. TU... VAI A GIOCARE.
CON CHI? NON PUOI RIMANERE UN PO' CON ME?
TE L'HO GIÀ DETTO, NON HO TEMPO. VAI DA QUALCHE AMICO...

?
?

LA PILOTA MISTERIOSA È SOPRAVVISSUTA A UNO SCONTRO FRONTALE CON **JACK SPADES**!
COSA?!

DRIIN!

È QUESTO QUELLO CHE INTENDETE CON PIGIAMA PARTY? QUANDO TORNATE FACCIAMO I CONTI, MA SE NON VOLETE RISPETTARE LE MIE REGOLE, ALLORA IO NON VI VOGLIO IN CASA!
MARTHA... MI SA CHE CI HA BECCATE... DI NUOVO.

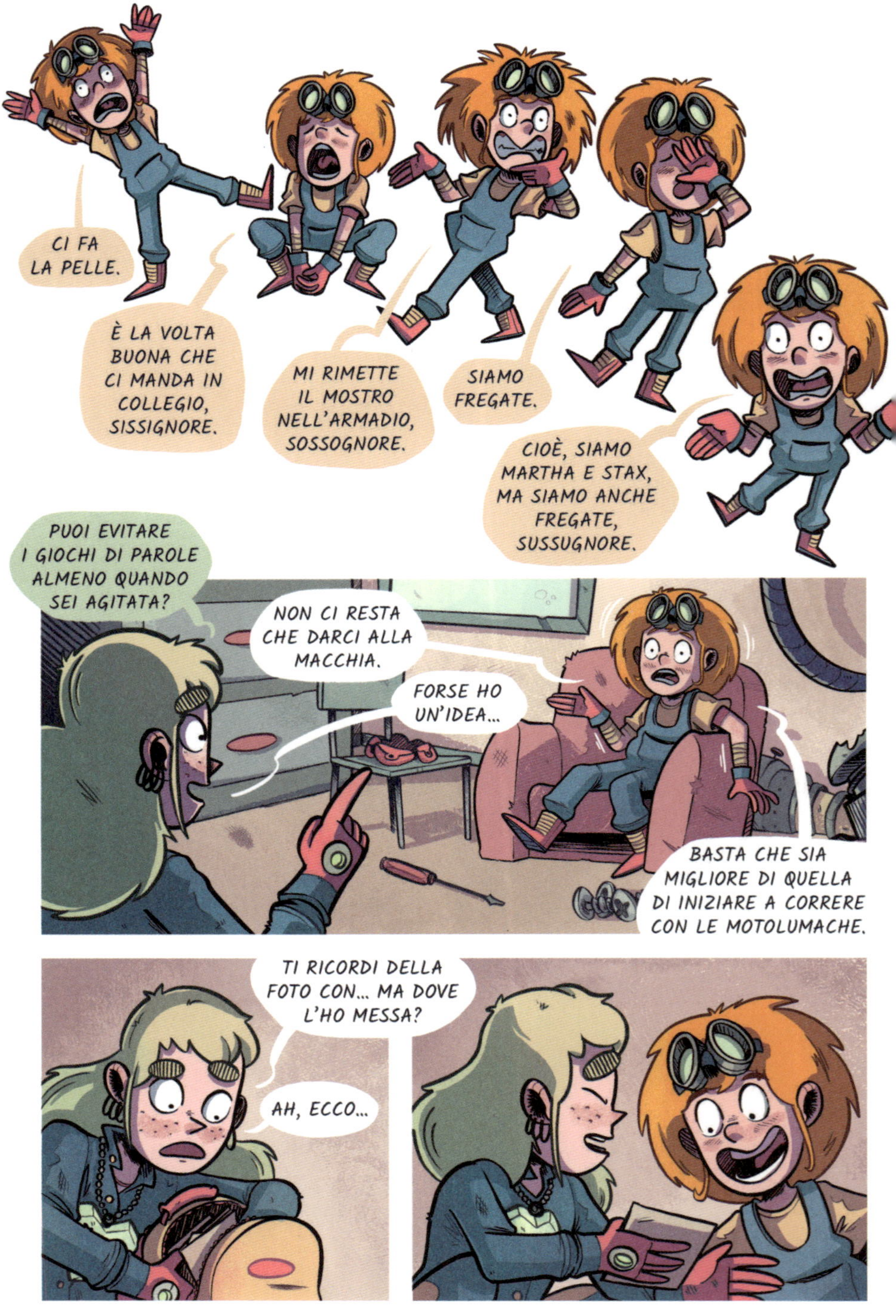

CI FA LA PELLE.

È LA VOLTA BUONA CHE CI MANDA IN COLLEGIO, SISSIGNORE.

MI RIMETTE IL MOSTRO NELL'ARMADIO, SOSSOGNORE.

SIAMO FREGATE.

CIOÈ, SIAMO MARTHA E STAX, MA SIAMO ANCHE FREGATE, SUSSUGNORE.

PUOI EVITARE I GIOCHI DI PAROLE ALMENO QUANDO SEI AGITATA?

NON CI RESTA CHE DARCI ALLA MACCHIA.

FORSE HO UN'IDEA...

BASTA CHE SIA MIGLIORE DI QUELLA DI INIZIARE A CORRERE CON LE MOTOLUMACHE.

SIGNOR **FERRARI**?
SIAMO LE FIGLIE DI USBALD
E FLANNERY O'CONNOR,
VOLEVAMO CHIEDERLE SE...

NO.

HA RIAGGANCIATO.
OK, NON CI RESTA CHE GODERCI LE NOSTRE ULTIME ORE DI LIBERTÀ PRIMA CHE PAPÀ CI RINCHIUDA PER SEMPRE.
OPPURE CHIEDIAMO AD APOLLO DI ACCOMPAGNARCI.

CIAO, APOLLO!
TI CERCAVO PERCHÉ...
COSA? AH.

SÌ, BE'...
SÌ, ANCHE TU.

NON PENSI DI AVER PORTATO UN PO' TROPPA ROBA?

VERAMENTE QUI DENTRO CI SONO PARTI DEL MOTORE DI PIXEL. CI SERVONO PER ALLENARCI, O ALMENO SPERO.

QWERTY VI MANDA UN WOOF! IN CUI DICE BAU. SPERIAMO CHE LA SUA IRONIA MIGLIORI.

BRŪM

ARCHIBALD FERRARI ERA L'ALLENATORE DEI NOSTRI GENITORI E LI HA RESI I PILOTI PIÙ VELOCI DEL SISTEMA SOLARE! SPERIAMO DI CONVINCERLO AD ALLENARE ANCHE NOI.

BUON POMERIGGIO.
SALVE, NOI SIAMO...
LE FIGLIE DI USBALD E FLANNERY. AVETE GLI OCCHI DI VOSTRA MADRE E LA CAMMINATA ARRABBIATA DI VOSTRO PADRE. E POI, AVETE CHIAMATO PRIMA.

ESATTO. SAPPIAMO CHE LEI È UN OTTIMO ALLENATORE, E CI CHIEDEVAMO... DATO CHE SIAMO QUI...

CI SONO DELLE COSE IRRIMEDIABILI, RAGAZZINA. E COME GUIDI TU QUELLA POVERA LUMACA È UNA DI QUESTE.

PER VOSTRA FORTUNA IO NON SONO SOLO UN OTTIMO ALLENATORE. SONO IL **MIGLIORE**.
ALLORA, COSA FATE LÌ IMPALATE? VEDIAMO COSA SAPETE FARE.

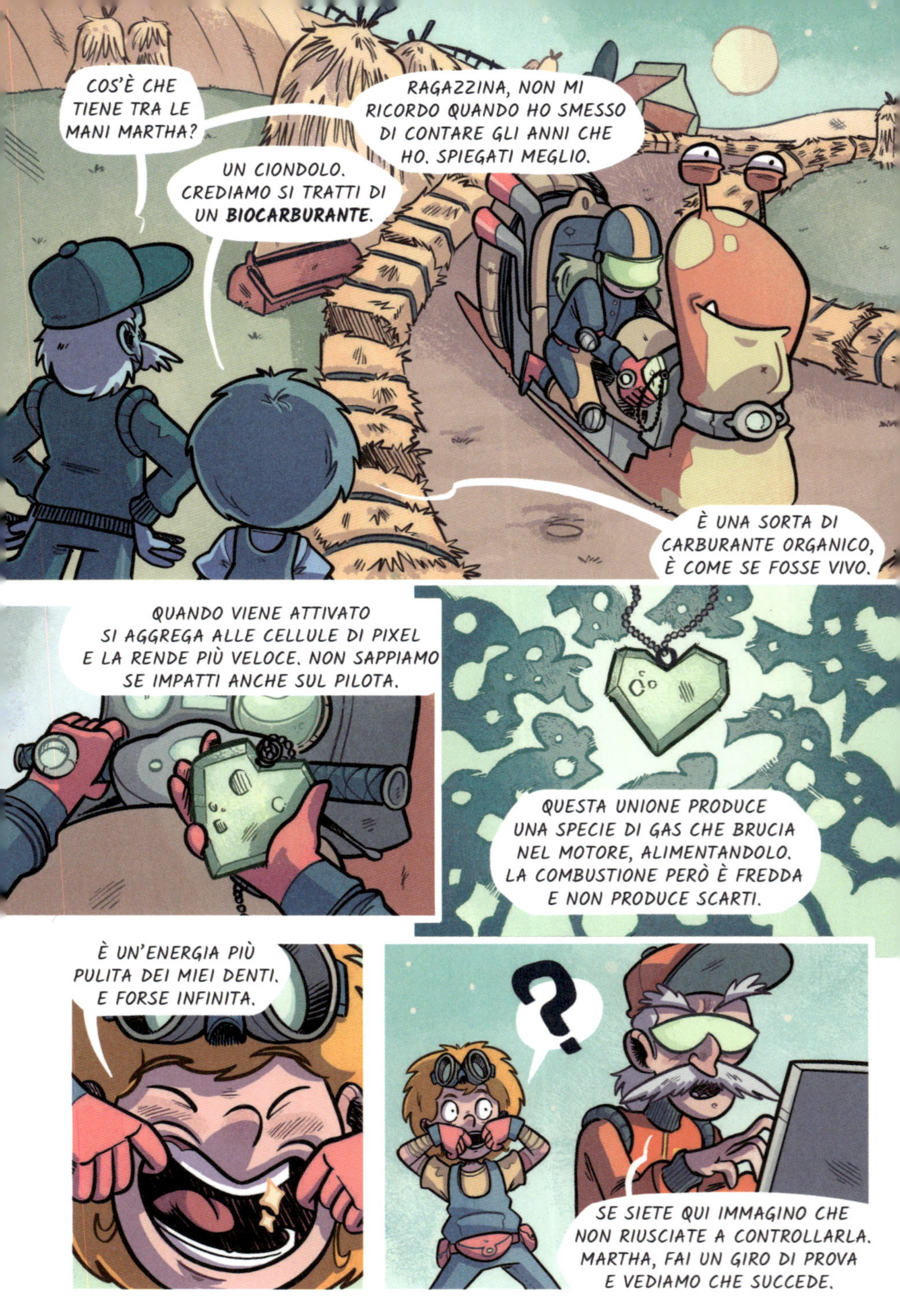

COS'È CHE TIENE TRA LE MANI MARTHA?

RAGAZZINA, NON MI RICORDO QUANDO HO SMESSO DI CONTARE GLI ANNI CHE HO. SPIEGATI MEGLIO.

UN CIONDOLO. CREDIAMO SI TRATTI DI UN **BIOCARBURANTE**.

È UNA SORTA DI CARBURANTE ORGANICO, È COME SE FOSSE VIVO.

QUANDO VIENE ATTIVATO SI AGGREGA ALLE CELLULE DI PIXEL E LA RENDE PIÙ VELOCE. NON SAPPIAMO SE IMPATTI ANCHE SUL PILOTA.

QUESTA UNIONE PRODUCE UNA SPECIE DI GAS CHE BRUCIA NEL MOTORE, ALIMENTANDOLO. LA COMBUSTIONE PERÒ È FREDDA E NON PRODUCE SCARTI.

WROOM!
COSÌ TI RIBALTI! UN PO' DI ELEGANZA! È UNA MOTO QUELLA, NON UN MULETTO!
QUELLA È UNA CURVA! DEVI CURVARE!
STO CURVANDO!
SEI ENTRATA DRITTA E TI STAI CORREGGENDO FRENANDO! LE CURVE NON SONO UN OSTACOLO!
TU VAI ADDOSSO AL VENTO! LO DEVI TAGLIARE! APPENA SENTI CHE TI ACCAREZZA LA GUANCIA, RADDRIZZA IL MANUBRIO E ACCENDI... LA COLLANINA!
LO CHIAMIAMO CIONDOLO...
F
F

WOW!
SKREEEE!

PENSO DI AVERE RISOLTO IL PROBLEMA DELLE DOPPIE PUNTE... BRUCIANDOLE.

COM'È SERENO QUI...

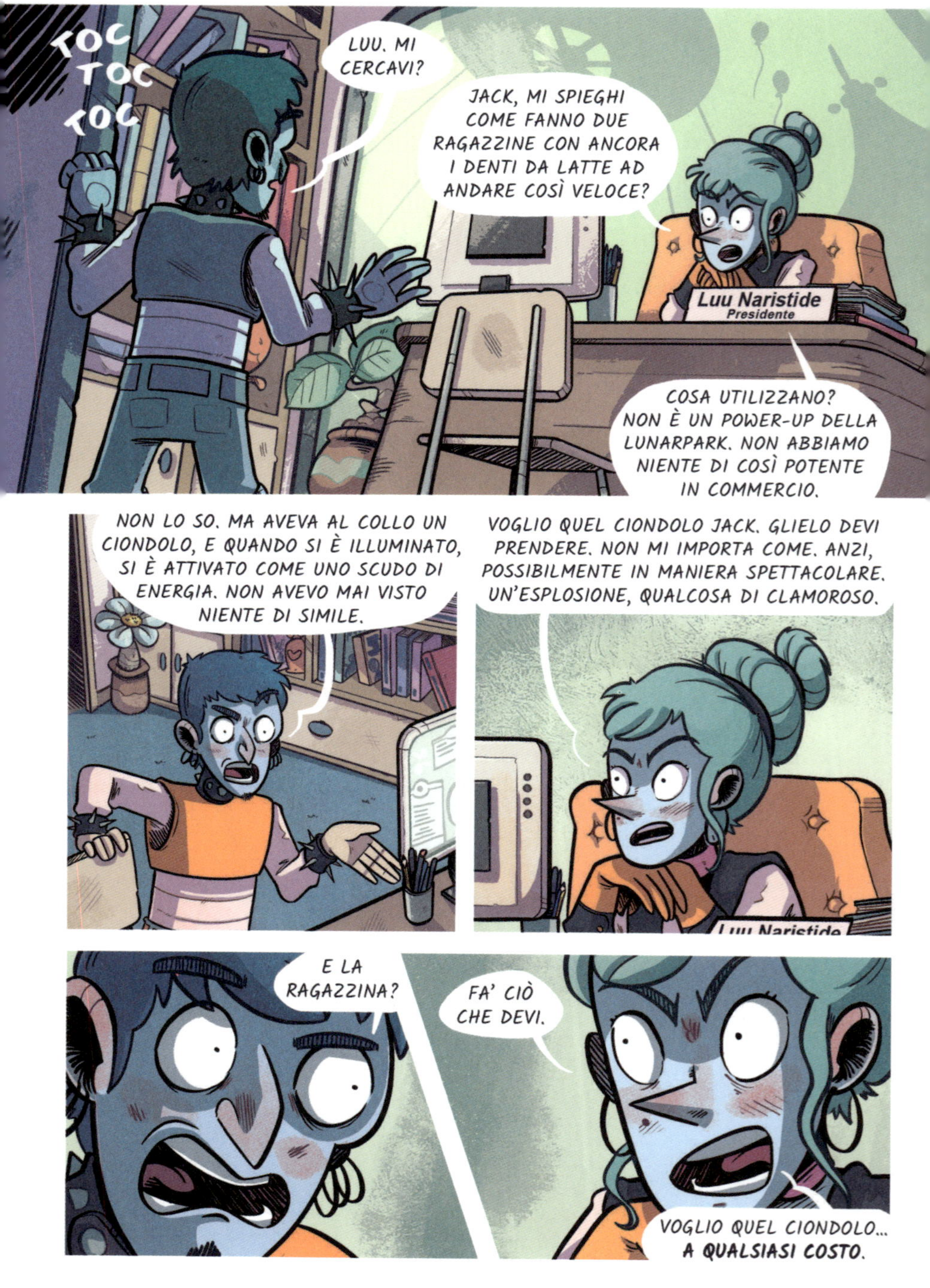

TOC TOC TOC

LUU, MI CERCAVI?

JACK, MI SPIEGHI COME FANNO DUE RAGAZZINE CON ANCORA I DENTI DA LATTE AD ANDARE COSÌ VELOCE?

Luu Naristide
Presidente

COSA UTILIZZANO? NON È UN POWER-UP DELLA LUNARPARK. NON ABBIAMO NIENTE DI COSÌ POTENTE IN COMMERCIO.

NON LO SO. MA AVEVA AL COLLO UN CIONDOLO, E QUANDO SI È ILLUMINATO, SI È ATTIVATO COME UNO SCUDO DI ENERGIA. NON AVEVO MAI VISTO NIENTE DI SIMILE.

MA ALLORA TU SAI CUCINARE!
TUA MADRE SA FARE TANTE COSE, TESORO.

IL GRANCHIO IN SALSA MOLLE TI PIACE ANCORA, VERO?
LO ADORO!

BUON APPETITO, PIATTO PULITO!
E QUELLO? L'HAI COSTRUITO TU?

SÌ! VUOI SAPERE COME FUNZIONA?

NEI MINIMI DETTAGLI, TESORO.

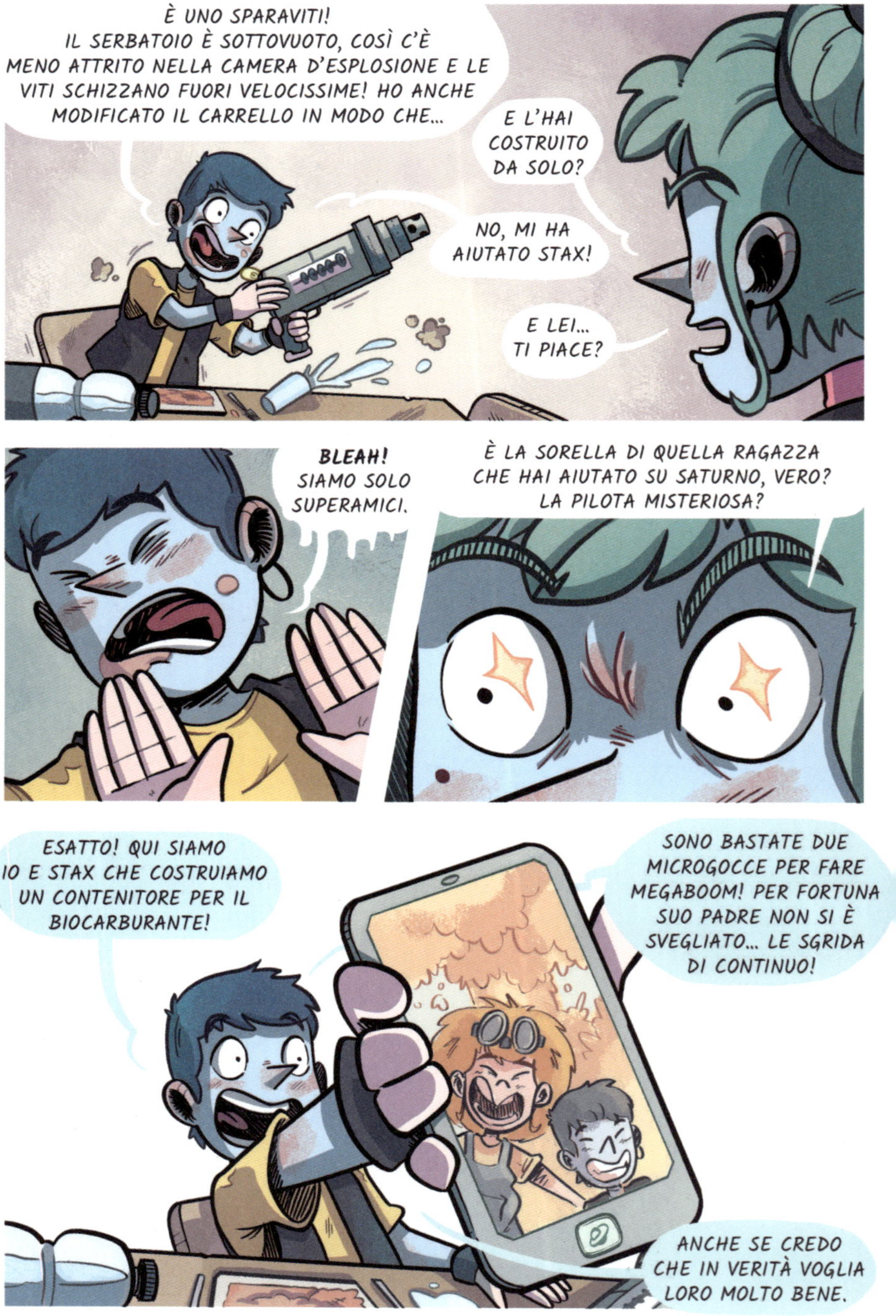

ESATTO! QUI SIAMO IO E STAX CHE COSTRUIAMO UN CONTENITORE PER IL BIOCARBURANTE!

SONO BASTATE DUE MICROGOCCE PER FARE MEGABOOM! PER FORTUNA SUO PADRE NON SI È SVEGLIATO... LE SGRIDA DI CONTINUO!

ANCHE SE CREDO CHE IN VERITÀ VOGLIA LORO MOLTO BENE.

E DI QUEL CIONDOLO, COSA MI SAI DIRE?
INDIRIZZA IL MUSO DI PIXEL DENTRO LA CURVA!
ASPETTA IL TOCCO DEL VENTO SULLA GUANCIA...
RADDRIZZA IL MANUBRIO...
E LANCIATI IN MEZZO ALLE PIEGHE DEL VENTO!
WOOOOO!
ECCO IL TRUCCO: INVERTIAMO LA BUSSOLA DEL DISSEMINATORE, COSÌ NON SI PERDE IL BIOCARBURANTE CHE SERVE PER STABILIZZARE LA TRAIETTORIA.
NO. ACCUMULEREBBE TROPPA ENERGIA, È PERICOLOSO. LA MECCANICA FUNZIONA. LAVORIAMO SULLA TECNICA DI GUIDA.
LA MECCANICA PUÒ FUNZIONARE MEGLIO.
PERCHÉ MI GUARDI COSÌ? HO QUALCOSA TRA I CAPELLI?

FIDATI. PRIMA DI TUTTO IL VENTO. POI PENSIAMO ALLA FERRAGLIA.
ANCHE LA MAMMA DICEVA: "PRIMA DI TUTTO IL VENTO". E NON MI SEMBRA CHE ABBIA FUNZIONATO.

...

RICORDATI DI STRINGERE I BULLONI DEL TERMOINIETTORE. SE PERDE UNO DI QUELLI, NON PERDERETE SOLO LA GARA.
SO COSA FACCIO.

PINZO I FRENI. IL BIOCARBURANTE INNAFFIA IL MOTORE. L'ENERGIA ATTUTISCE L'ARIA. ENTRO IN CURVA. VENTO SU UNA GUANCIA. MI RIALZO. NON ASPETTO IL VENTO SULL'ALTRA GUANCIA, LO TAGLIO.
FUORI DALLA CURVA, APRI TUTTO. DAI. DAI. DAI.
SENTO CHE ANDRÀ BENE.

WROOOM
OK, PARTENZA LISCIA. IL MOTORE REGGE.
MARTHA GIRA FORTISSIMO! STA FUNZIONANDO!
TE LO AUGURO, RAGAZZINA. TE LO AUGURO CON TUTTO IL CUORE.
POP

ACCIPICCHIA,
CHE BOTTA.
MARTHA! MI SENTI?
STIAMO VENENDO A PRENDERTI
CON IL POD-POD. È TUTTO IN FIAMME.
TI PREGO, NON ESSERLO ANCHE TU.

MI DISPIACE.
MI DISPIACE.
MI DISPIACE.
IL MANEGGIO STA ANDANDO A FUOCO!
A PAPÀ LO DICI TU QUESTA VOLTA.

SE POTESSI INSINUARMI TRA LE BRACCIA DEL VENTO

TOCCA A TE. SEI LA PIÙ GRANDE.
GUARDA CHE NON HO FRETTA.
AH BE', PER ME POSSIAMO ANCHE ORDINARE D'ASPORTO E STARE QUI TUTTA LA SERA.
PRENDIAMO ANCHE LA COLAZIONE ALLORA, PERCHÉ IO NON MI MUOVO.
OH, ANDIAMO...

SCUSA PAPÀ.

CI DISPIACE.

USBALD.

SEI INGRASSATO.

HAI DUE SPLENDIDE FIGLIE. MA MI HANNO BRUCIATO IL MANEGGIO.
PER QUEL CHE CONTA È STATA PIÙ COLPA DI MARTHA CHE MIA.
TRADITRICE.

CON CALMA. COS'È SUCCESSO?

ABBIAMO PORTATO IL CIONDOLO DELLA MAMMA SU PLUTONE DA ARCHIBALD PERCHÉ TU ERI ARRABBIATO, POI IO HO FATTO DELLE MODIFICHE ANCHE SE FORSE ERA MEGLIO DI NO...
INFATTI BOOM! FIAMME OVUNQUE!

PERÒ GUIDAVA MARTHA. QUINDI È PIÙ COLPA SUA.
TE L'HO GIÀ DETTO CHE SEI UNA TRADITRICE?

UHM.

ANDATE AD APPARECCHIARE.
TI PREGO, DIMMI CHE È IL CACIUCCO CON CIOCCOLATO FRITTO!

SEI ANCORA UN OTTIMO CUOCO, VEDO. IL TUO CACIUCCO È SEMPRE STATO UN'ESPLOSIONE DI SAPORI.
A PROPOSITO DI ESPLOSIONI, HAI CAPITO CHE MI HANNO BRUCIATO IL MANEGGIO?

E TU NON DOVEVI ACCETTARE DI ALLENARLE!
CHE ACQUOLINA!

HO PROVATO A DIRE DI NO, MA SONO DUE TESTARDE. COME QUALCUNO...
COMUNQUE, È BUONO.
COMPLIMENTI ALLO CHEF!
PAPÀÀÀ! STAX STA MANGIANDO DIRETTAMENTE DAL PIATTO!
STAX, USA IL CUCCHIAIO.

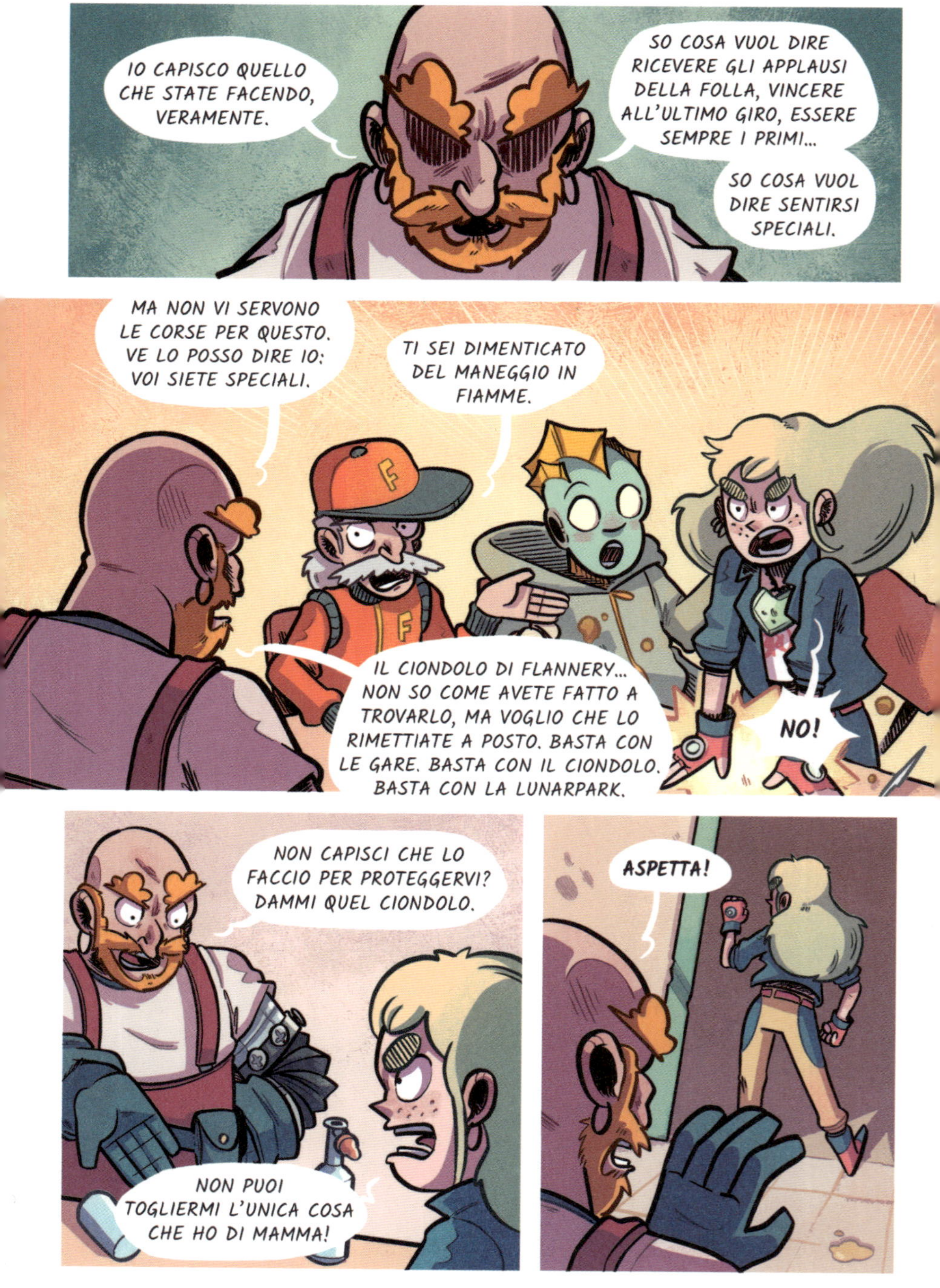

MA NON VI SERVONO LE CORSE PER QUESTO. VE LO POSSO DIRE IO: VOI SIETE SPECIALI.

TI SEI DIMENTICATO DEL MANEGGIO IN FIAMME.

IL CIONDOLO DI FLANNERY... NON SO COME AVETE FATTO A TROVARLO, MA VOGLIO CHE LO RIMETTIATE A POSTO. BASTA CON LE GARE. BASTA CON IL CIONDOLO. BASTA CON LA LUNARPARK.

NO!

PERCHÉ NON USI FIRAGA? È SUPERBOOM!
DIREI CHE NE ABBIAMO GIÀ AVUTE ABBASTANZA DI ESPLOSIONI, NON CREDI?
QUESTO È SOLO UN GIOCO!
MA IO FACCIO SUL SERIO!
OSSI di SEPPIA
WATCHMEN

USBALD, SO CHE NON DEVO ESSERTI MOLTO SIMPATICO... È LA SECONDA VOLTA CHE MI IMBUCO A CASA TUA E HO ACCOMPAGNATO MARTHA E STAX DA ARCHIBALD ANCHE SE SAPEVO CHE GLI AVEVI PROIBITO DI CORRERE, MA... HO QUALCOSA DA DIRTI E VORREI CHE MI ASCOLTASSI.

SI VEDE CHE VUOI BENE ALLE TUE FIGLIE. E LORO NE VOGLIONO A TE. MA A VOLTE VOLER BENE A QUALCUNO SIGNIFICA FIDARSI.

ANCH'IO HO PAURA PER MARTHA, MA VOGLIO DI PIÙ CHE SIA FELICE... E CHE LO SIA COME DECIDE LEI, NON COME IO CREDO SIA MEGLIO... TUTTO QUI.
...
GRAZIE, APOLLO. ANDRESTI A CHIAMARE MARTHA PER ME?

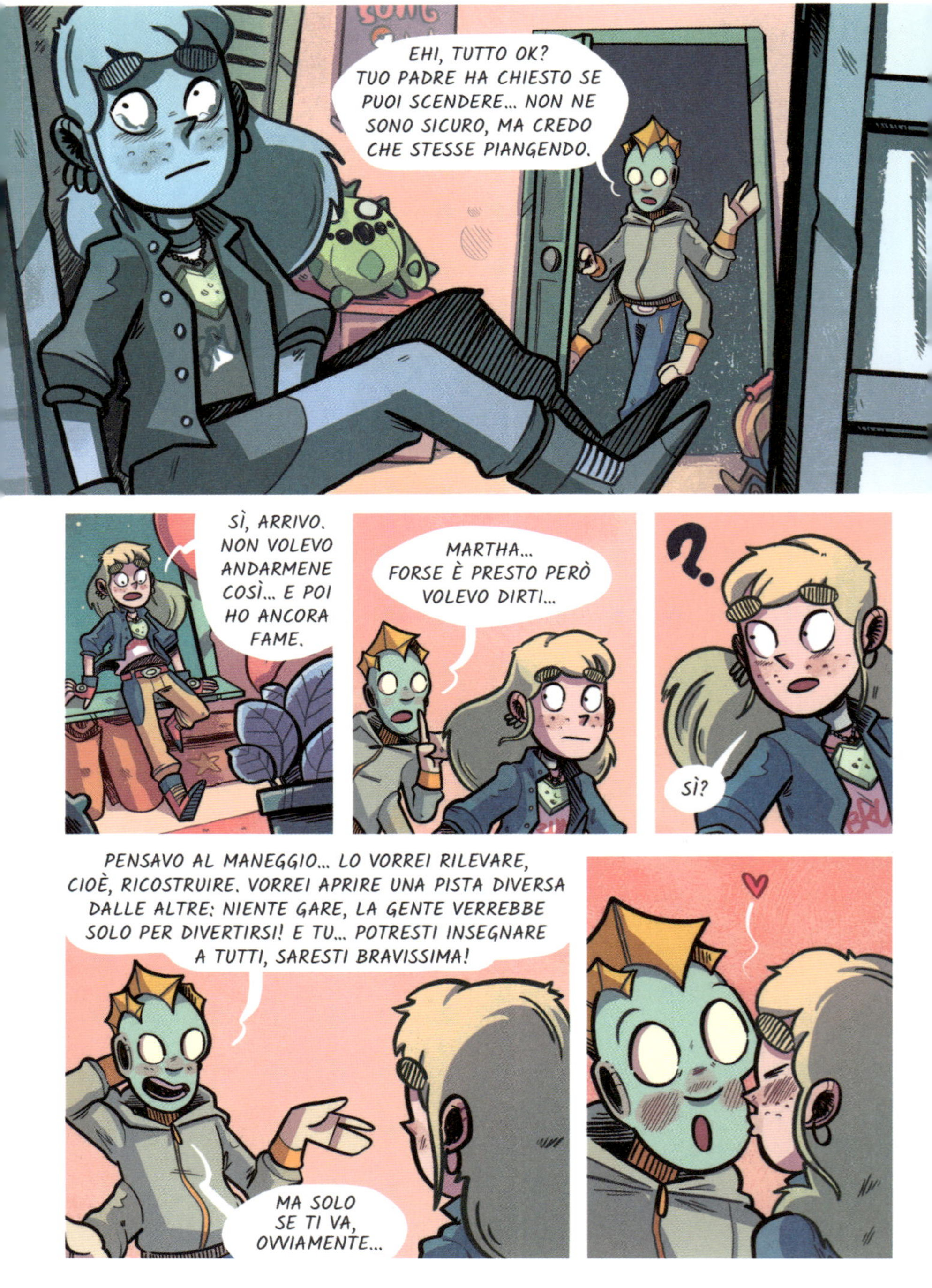

EHI, TUTTO OK? TUO PADRE HA CHIESTO SE PUOI SCENDERE... NON NE SONO SICURO, MA CREDO CHE STESSE PIANGENDO.

INASPETTATO, MA GRAZIE.

SCUSAMI, DIVENTI COSÌ CARINO QUANDO TI AGITI!
LO PRENDO COME UN SÌ?

APOLLO... NON POSSO FERMARMI ORA. QUESTO È IL NOSTRO SOGNO, MIO E DI STAX, E PENSA CHE NON CI PARLAVAMO QUASI, PRIMA. INSOMMA, LEI È TUTTA GOFFA E SEMPRE ARRUFFATA.
E TUO PADRE? ANCHE SE NON SEMBRA, LUI È DALLA TUA PARTE E TI VUOLE BENE! HA SOLO TIMORE DI PERDERTI, COME VOSTRA MADRE.

HO POCHI RICORDI DI MIA MADRE, E ANCHE QUELLI INIZIANO A SVANIRE. MA OGNI VOLTA CHE SONO IN SELLA A PIXEL E SENTO IL VENTO IN FACCIA, MI SEMBRA CHE SIA LEI A SOFFIARMELO ADDOSSO.

IN OGNI GARA MI AVVICINO SEMPRE DI PIÙ A LEI, È QUESTO CIÒ A CUI NON VOGLIO RINUNCIARE.
DI' A TUO PADRE QUELLO CHE HAI APPENA DETTO A ME. SONO CERTO CHE CAPIRÀ.
GRAZIE, APOLLO.

STRACCIATO!
PAPÀ...
HAI BARATO! USBALD, DI' QUALCOSA!

SCUSA PER PRIMA... E SCUSA ANCHE PER LE GARE E IL MANEGGIO...

MA TUTTO QUESTO È DAVVERO IMPORTANTE PER ME.
E NO, STAX, NON LANCIARTI ADDOSSO A NOI. QUESTO È IL MIO ABBRACCIO.

BANZAI!
NON PENSARE DI SCAPPARE SENZA DARMI LA RIVINCITA!

LASCIATE CHE VI RACCONTI LA MIA ULTIMA CORSA. CAPIRETE TUTTO.

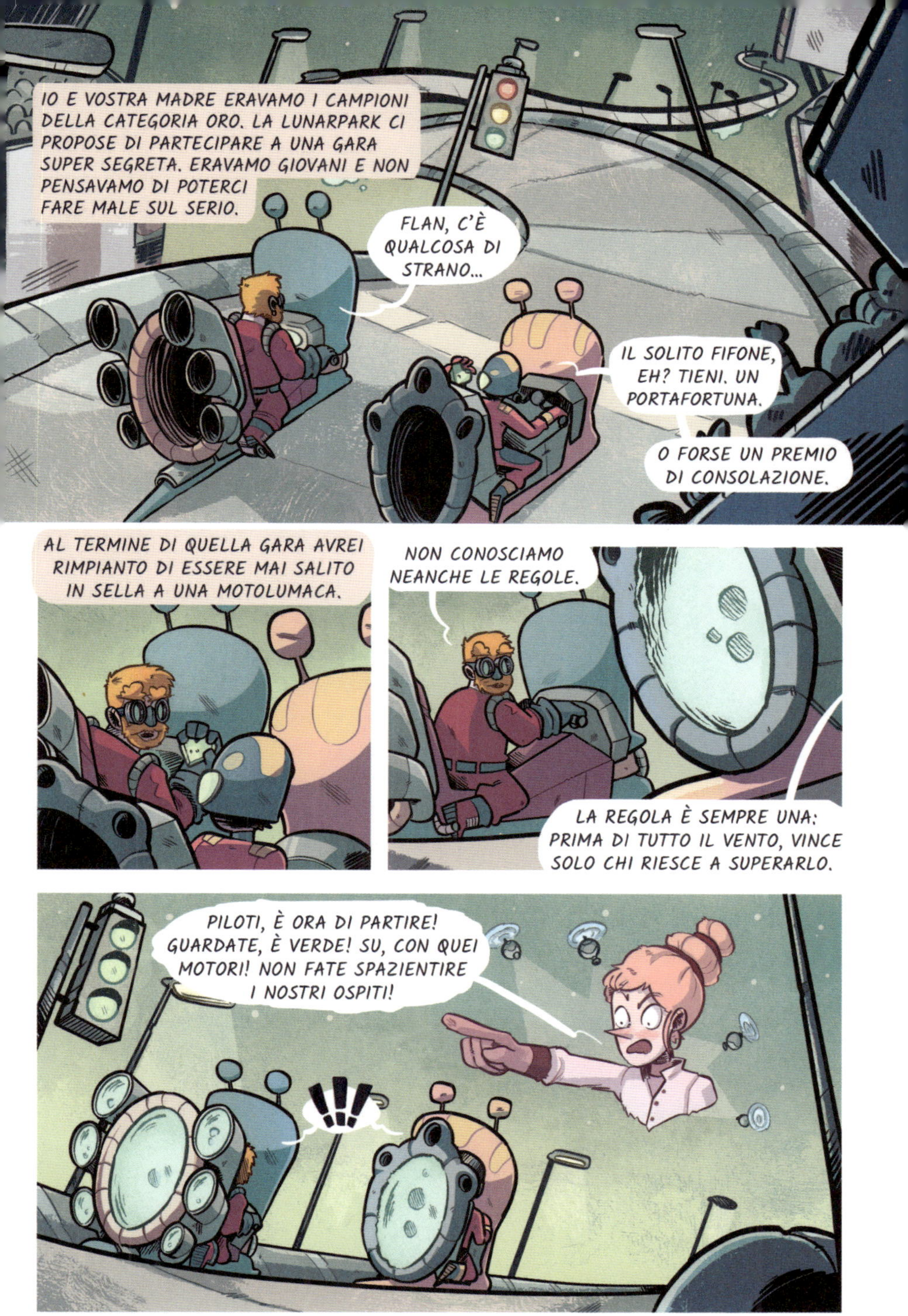

IO E VOSTRA MADRE ERAVAMO I CAMPIONI DELLA CATEGORIA ORO. LA LUNARPARK CI PROPOSE DI PARTECIPARE A UNA GARA SUPER SEGRETA. ERAVAMO GIOVANI E NON PENSAVAMO DI POTERCI FARE MALE SUL SERIO.

FLAN, C'È QUALCOSA DI STRANO...

IL SOLITO FIFONE, EH? TIENI. UN PORTAFORTUNA.

O FORSE UN PREMIO DI CONSOLAZIONE.

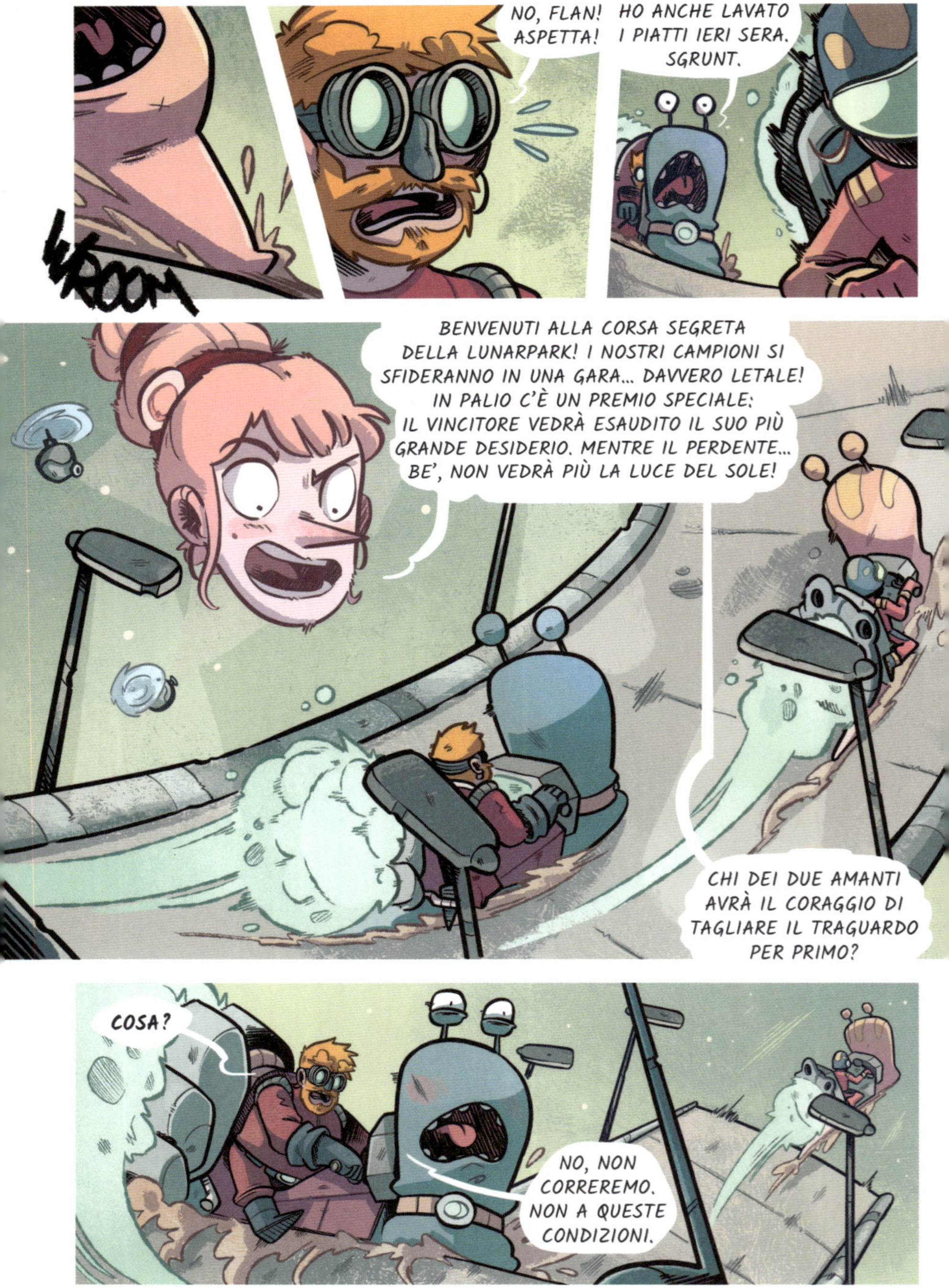

BENVENUTI ALLA CORSA SEGRETA DELLA LUNARPARK! I NOSTRI CAMPIONI SI SFIDERANNO IN UNA GARA... DAVVERO LETALE! IN PALIO C'È UN PREMIO SPECIALE: IL VINCITORE VEDRÀ ESAUDITO IL SUO PIÙ GRANDE DESIDERIO. MENTRE IL PERDENTE... BE', NON VEDRÀ PIÙ LA LUCE DEL SOLE!

CHI DEI DUE AMANTI AVRÀ IL CORAGGIO DI TAGLIARE IL TRAGUARDO PER PRIMO?

NOOO! FLAN!
A QUELLA VELOCITÀ, UNA GOCCIA D'ACQUA TI PUÒ LASCIARE TAGLI SUL VISO.
UNO SOLO TRA NOI SAREBBE SOPRAVVISSUTO.
VOSTRA MADRE SAPEVA CHE SE AVESSI VINTO IO AVREI CHIESTO CHE LA LASCIASSERO ANDARE.
MA LEI ERA DAVVERO LA MIGLIORE PILOTA DI SEMPRE. NON AVEVO ALCUNA POSSIBILITÀ DI BATTERLA.

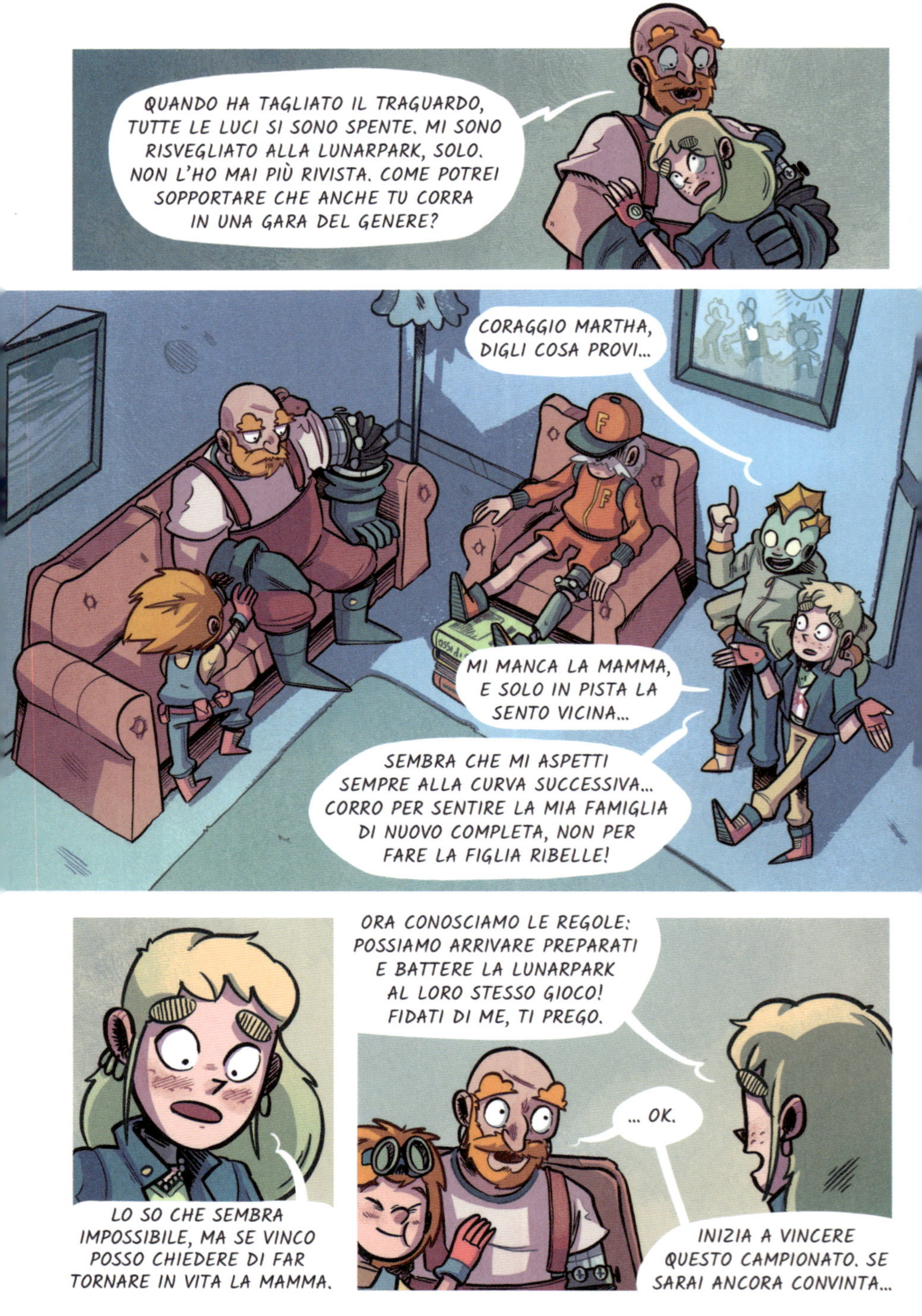

CORAGGIO MARTHA, DIGLI COSA PROVI...

MI MANCA LA MAMMA, E SOLO IN PISTA LA SENTO VICINA...

SEMBRA CHE MI ASPETTI SEMPRE ALLA CURVA SUCCESSIVA... CORRO PER SENTIRE LA MIA FAMIGLIA DI NUOVO COMPLETA, NON PER FARE LA FIGLIA RIBELLE!

... IO SARÒ FIERO DI ESSERE IL PADRE DELLA PIÙ GRANDE PILOTA DI MOTOLUMACHE DELLA STORIA.
NUOVO GIRO, NUOVA CORSA!
MA COME HAI FATTO? NON SONO MAI STATO DOPPIATO... 12 VOLTE!
IL PROBLEMA PRINCIPALE SONO I CAPELLI. CHE NE DITE SE INVECE DELLE FOTO RILASCIASSI UN PAIO DI DICHIARAZIONI?
È UN POWER-UP DELLA VENDING MACHINE? LO VOGLIO ANCH'IO!
1
3

c'è solamente il Sole.
Sceneggiatore mattocchietto cucina lumache: provate il suo nuovo ristorante Escargot!
Articolo a pag. 43
La Luna 24 ORE
Strepitosa Martha: vrum vrum vittoria!
Niente riesce a raggiungere questa giovanissima pilota e la sua luma
pista vengono chiusi uno dietro l'altro. Gli spettatori lamentano di
tempo a prendere uno spuntino dal frigorifero perché rischierebbero
la vittoria. Il CEO della Yuppi Che Slurpy dichiara: "Vince così in f
spettatori fanno a malapena in tempo a finire uno slurpy. Normal
ingozzavano anche con dieci o quindici".
Corriere dello Spazio
Una vita al primo posto
Cosa mangia in un giorno Pixel, la lumaca che accompagna Martha e Stacs nelle loro vittorie?
TUTTOLUMACHE
Martha, giovane campionessa, ha alle sue spalle più vittorie che anni
CI STO LAVORANDO, MA NON È COSÌ SEMPLICE SFRECCIARE A QUELLE VELOCITÀ E MANTENERE LA PIEGA!
Gioventù bruciata, si diceva ai vecchi tempi. Ed è vero anche oggi, solo che questa gioventù brucia traguardi. Nell'ultima gara la giovane campionessa Martha ha stracciato anche Otta, alla principessa venusiana, alla sua prima (e probabilmente ultima gara): Otta è arrivata ottava. Oltre al danno anche la beffa.
TORNA IN SCUDERIA
allenando le sorelle O'Connor!
Disegnatore sfonda: dopo il flop del suo ultimo volume, ingolla power-up e brucia tutte le edicole.

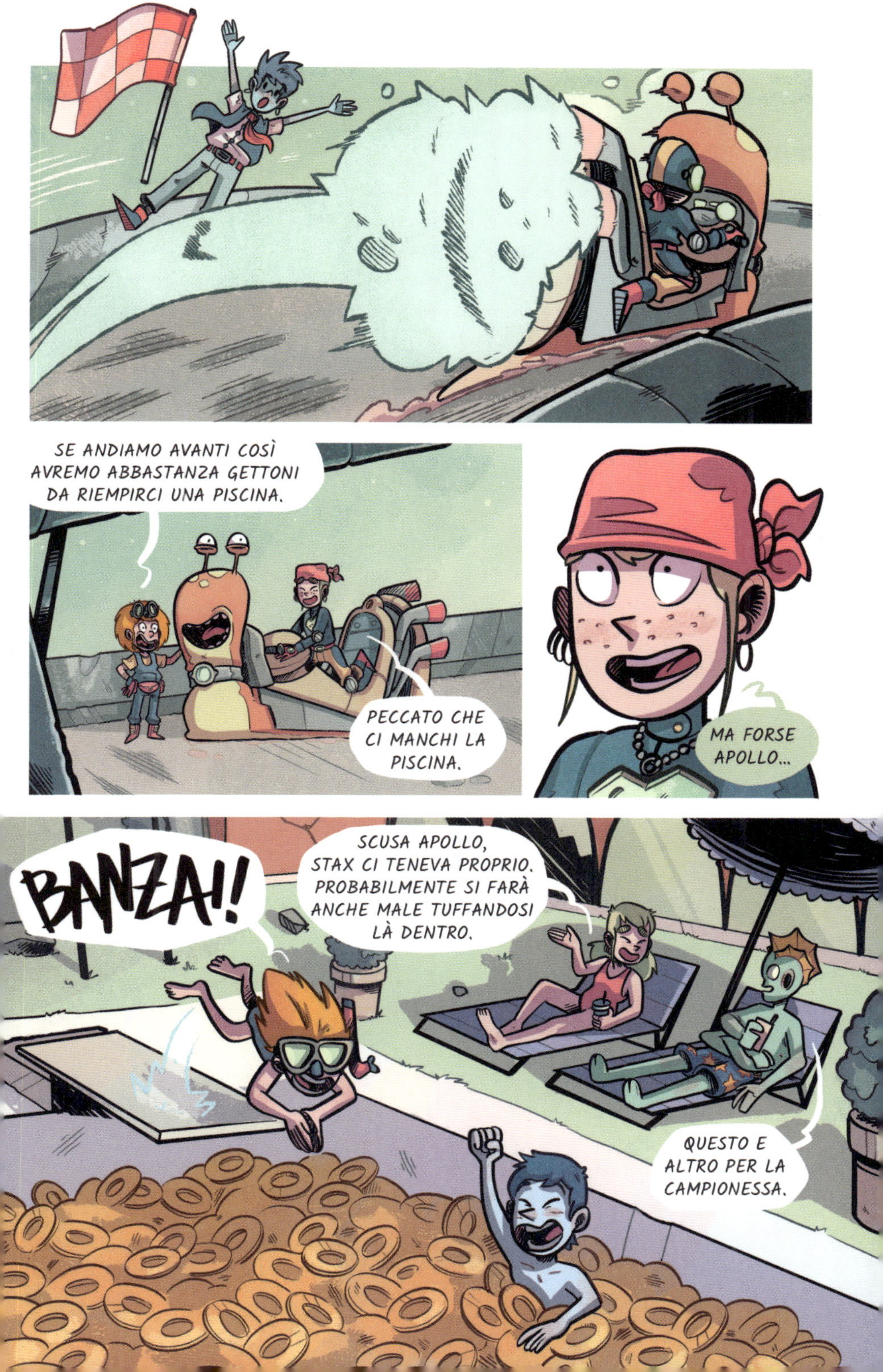

BANZAI!

SCUSA APOLLO, STAX CI TENEVA PROPRIO. PROBABILMENTE SI FARÀ ANCHE MALE TUFFANDOSI LÀ DENTRO.

QUESTO E ALTRO PER LA CAMPIONESSA.

MARTHA O'CONNOR: QUAL È IL SEGRETO DELLA TUA VELOCITÀ? SI TRATTA DI UN NUOVO POWER-UP?
OH BE', UNA SPECIE...
E COME FUNZIONA?

NON POSSO SVELARVI TUTTI I SEGRETI.
MA SI TRATTA DI UNA SCOPERTA RIVOLUZIONARIA...
EHI, MA QUELLA È **LUU NARISTIDE**, LA PRESIDENTE DELLA LUNARPARK! STA PER FARE UN ANNUNCIO, INQUADRALA!

C'È UNA PILOTA CHE STA BRUCIANDO TUTTI I TRAGUARDI: I MIEI COMPLIMENTI! POTREBBE ESSERE LA NUOVA GRANDE STELLA DELLE CORSE DI MOTOLUMACHE... MA È DAVVERO COSÌ?
PROPONGO UN DUELLO TRA LEI E JACK SPADES PER SCOPRIRLO! CHI VINCE QUESTA GARA PASSA DIRETTAMENTE ALLA CATEGORIA ORO!

ALLORA, CHE NE DITE?

È UNA TRAPPOLA, DI SICURO.
DEVO ANDARE IN OFFICINA A MONTARTI DELLE FOTOBARRIERE, ALTRIMENTI TRAPPOLA O NON TRAPPOLA QUELLO TI FA LA PELLE!
O'CONNOR

NON IMPORTA.
IN VERITÀ IMPORTA. SE ALIMENTASSI LE FOTOBARRIERE CON IL CIONDOLO NON DOVRESTI NEANCHE PIÙ PREOCCUPARTI DI DOVE ANDRAI A SBATTERE!
POSSO BATTERLO. SONO VELOCISSIMA E SE SOLO PROVA A INFILZARMI COME L'ULTIMA VOLTA, LO FACCIO SFRACELLARE...
OK, FORSE SE NON INDOSSASSI IL PIGIAMA SEMBREREI PIÙ MINACCIOSA.

MI STAI ASCOLTANDO?
IN VERITÀ NON MOLTO. STAVO CHIEDENDO A QWERTY DEL TUO MOTORE, MA ORA CI STIAMO SCAMBIANDO STICKER DEI TUOI CAPELLI BRUCIATI.
SCHERZO. CERTO CHE TI STO ASCOLTANDO. POSSIAMO BATTERLO. SAPEVAMO CHE LA LUNARPARK AVREBBE FATTO LA SUA MOSSA.

Stax, devo dirti
una cosa...
Ho fatto un casino...
Potrei aver detto a mia
mamma del ciondolo.
E mia mamma...
È Luu Naristide.
COSA?!?!

IO VADO A FARMI UNA CAMOMILLA. LA VUOI ANCHE TU? MAGARI UN PAIO DI LITRI, COSÌ SMETTI DI URLARE?
È UN TRADITORE! ECCO PERCHÉ LUU TI HA SFIDATA... LEI SA DEL CIONDOLO, E LO VUOLE! GLIELO HA DETTO LUI...

MA LUI CHI?
QWERTY...

DRIIING

DRIIIING!
SE NON MI TENGO OCCUPATA VADO SULLA LUNA E LO USO PER TESTARE I FRENI. SULLA SUA FACCIA.
NON CAPISCO PERCHÉ NON CE L'ABBIA DETTO PRIMA...
EHI... UHM... IO...
SÌ, LO SO. HO UN BELLISSIMO PIGIAMA CON IL SUSHI.
!
UFFI, SPERAVO FOSSE QWERTY.
!
NON PENSO CHE QWERTY L'ABBIA FATTO APPOSTA.
E TU?
CORRERAI LO STESSO DOMANI?
NEANCHE IO, MA STAX ERA... BE', NON L'AVEVO MAI VISTA COSÌ ARRABBIATA.
PRIMA ERO AGITATA, ORA MI SENTO AL SICURO.
SÌ, MA APPENA VINCO PUOI PORTARMI A FESTEGGIARE.

OH, NON ERA GIÀ PERICOLOSO PRIMA, NO! CI MANCAVA SOLO IL TRADITORE CON LA MAMMA SUPERCATTIVA!

SE QUESTI DUE NON SI ALLACCIANO ADDIO FOTOBARRIERE E MARTHA NON RESISTERÀ NEANCHE ALLA PRIMA CURVA!

Ricordati di montare il connettore della fotobarriera.
E fai attenzione alla valvola del rotatore, deve aderire perfettamente.
Potresti usare un blocco drenante!
Oppure potrei venire ad aiutarti...

NO.
NON MI POSSO FIDARE DI LUI.

SIAMO FRITTE!
MOLTO FRITTE!

ANCORA
IN CRISI?
ANCHE SE QWERTY HA DETTO A SUA MADRE DEL CIONDOLO, NON CAMBIA MOLTO, PROBABILMENTE LUU LO AVEVA GIÀ VISTO NELLE GARE.
MA NON CAPISCI? QWERTY LE AVRÀ SPIEGATO COME FUNZIONA! CI FAREMO MALE, MARTHA.

SCUSAMI. ORA HO BISOGNO DI STARE UN PO' DA SOLA.

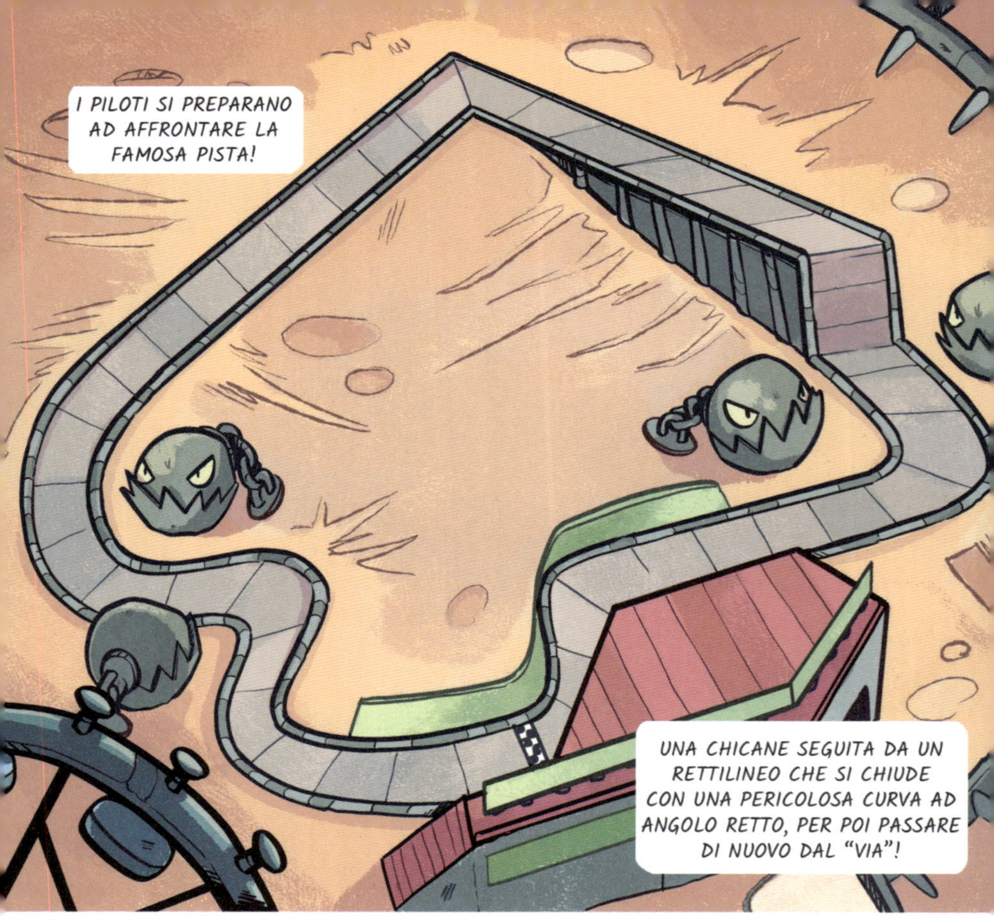

I PILOTI SI PREPARANO AD AFFRONTARE LA FAMOSA PISTA!

UNA CHICANE SEGUITA DA UN RETTILINEO CHE SI CHIUDE CON UNA PERICOLOSA CURVA AD ANGOLO RETTO, PER POI PASSARE DI NUOVO DAL "VIA"!

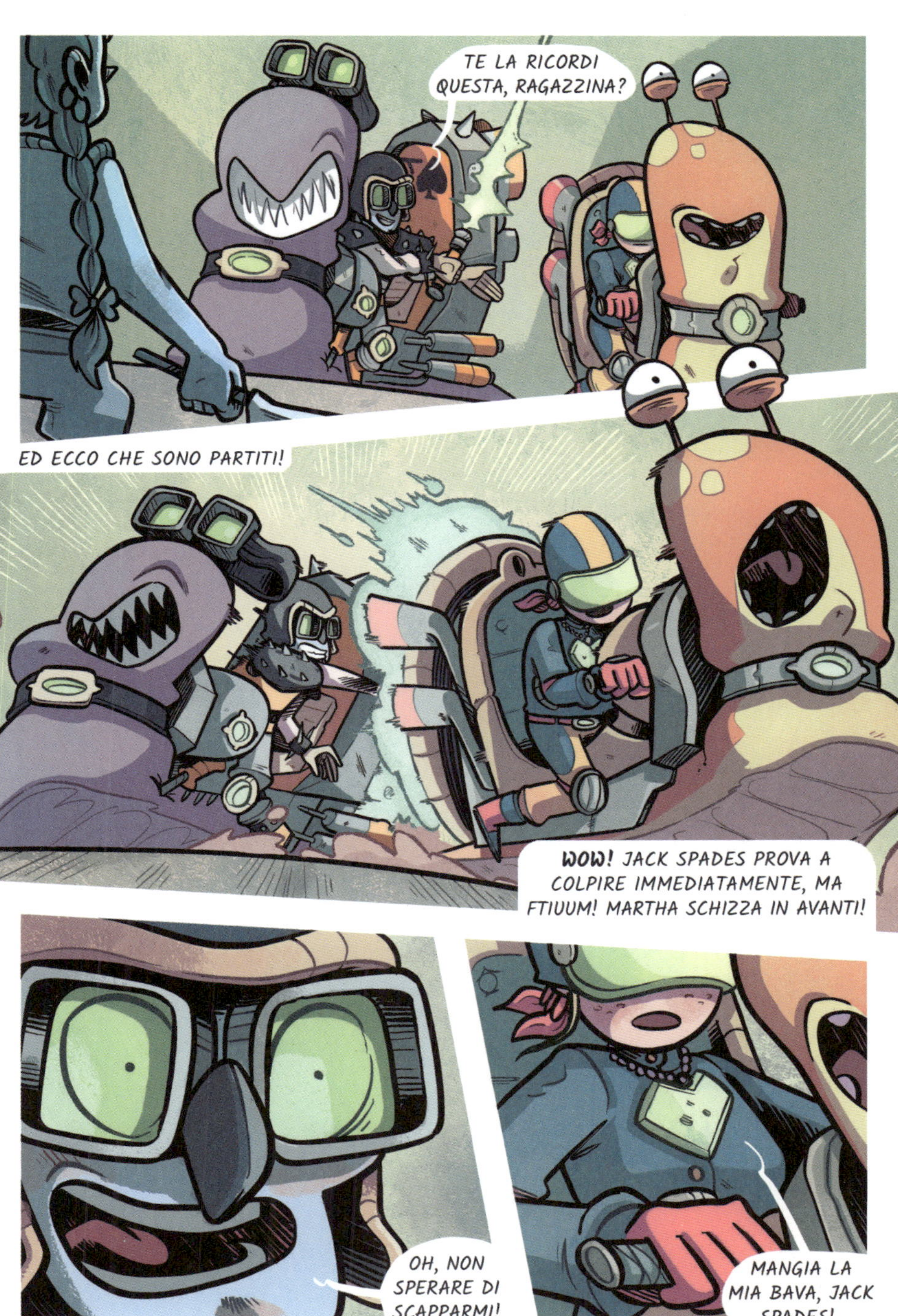
TE LA RICORDI QUESTA, RAGAZZINA?
ED ECCO CHE SONO PARTITI!
WOW! JACK SPADES PROVA A COLPIRE IMMEDIATAMENTE, MA FTIUUM! MARTHA SCHIZZA IN AVANTI!
OH, NON SPERARE DI SCAPPARMI!
MANGIA LA MIA BAVA, JACK SPADES!

SI AVVICINANO ALLA CURVA AD ANGOLO RETTO! METTERANNO ALLA PROVA I LORO FRENI!
EHI, MI HA QUASI INFILZATO CON UNA LANCIA! PER LA SECONDA VOLTA!
FINCHÉ C'È IL "QUASI" VA BENE!
STAX! LA PISTA! È SPARITA LA PISTA!
OH NO, NON È SPARITA...
SI È SOLO ABBASSATA DI CINQUE O SEI METRI!

CLICK
IN EFFETTI MI MANCAVANO I RAGGI LASER!
BOOM
EH EH!
STAX! MI STA SPARANDO ADDOSSO!
OK, RICEVUTO!
COSA DEVO FARE? LO SGRIDO? PROVA A FARTI SUPERARE, POI ATTIVA IL CIONDOLO.
HO MONTATO UN NUOVO PEZZO, UNA SORTA DI DIFFUSORE. CON L'ENERGIA INIZIALE LO STACCHERAI E RIUSCIRAI ANCHE A SPAZZARLO VIA!

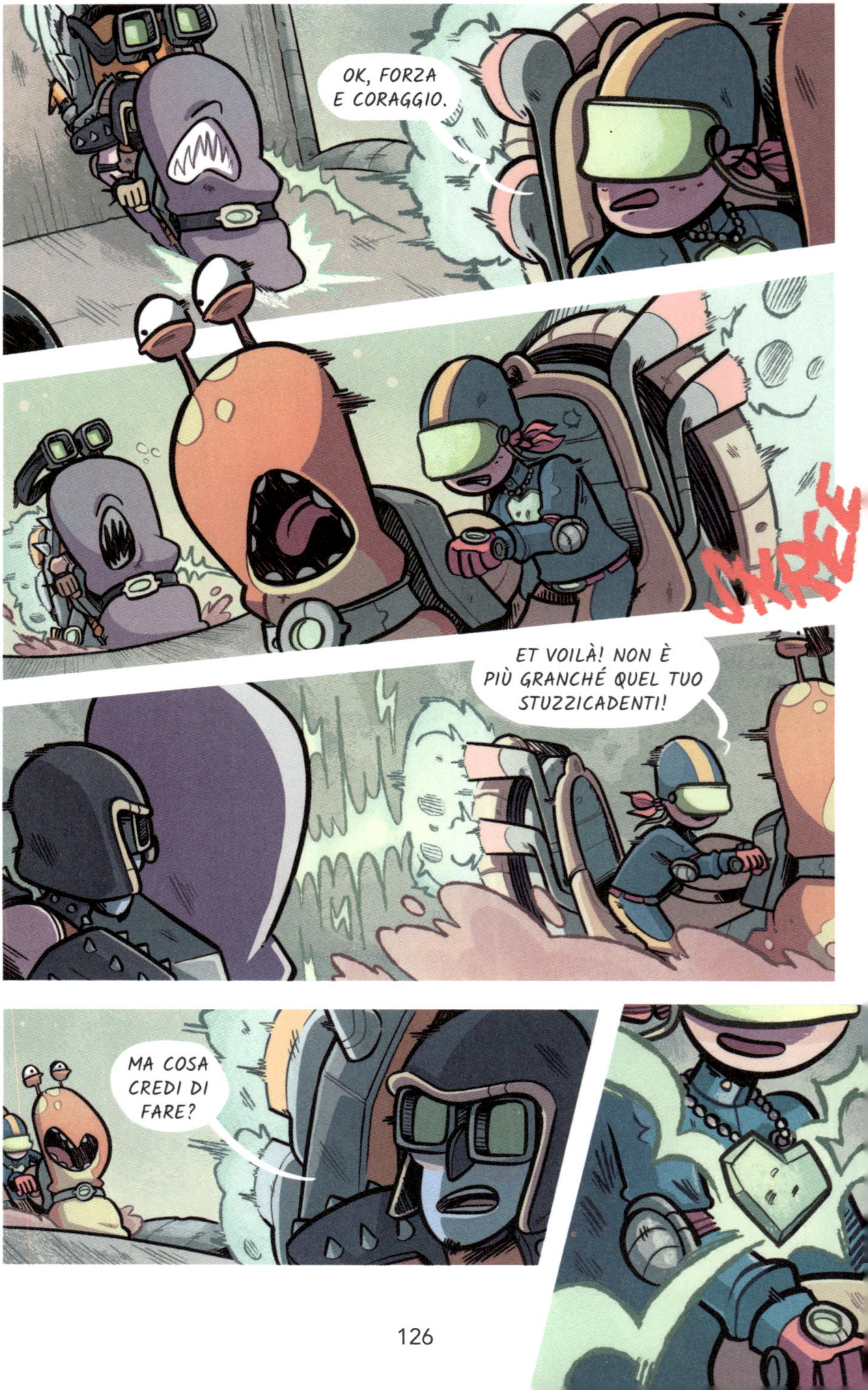

OK, FORZA E CORAGGIO.

ET VOILÀ! NON È PIÙ GRANCHÉ QUEL TUO STUZZICADENTI!

CLICK
ZZZ

OH NO, TI PREGO, NO. NO. NO.
ALERT!
BOOM!

REGINA DI CUORI, REGINA DEL VENTO

NON È VERO...
NO...

LA PILOTA È...

COSA HO FATTO...

MARTHA!

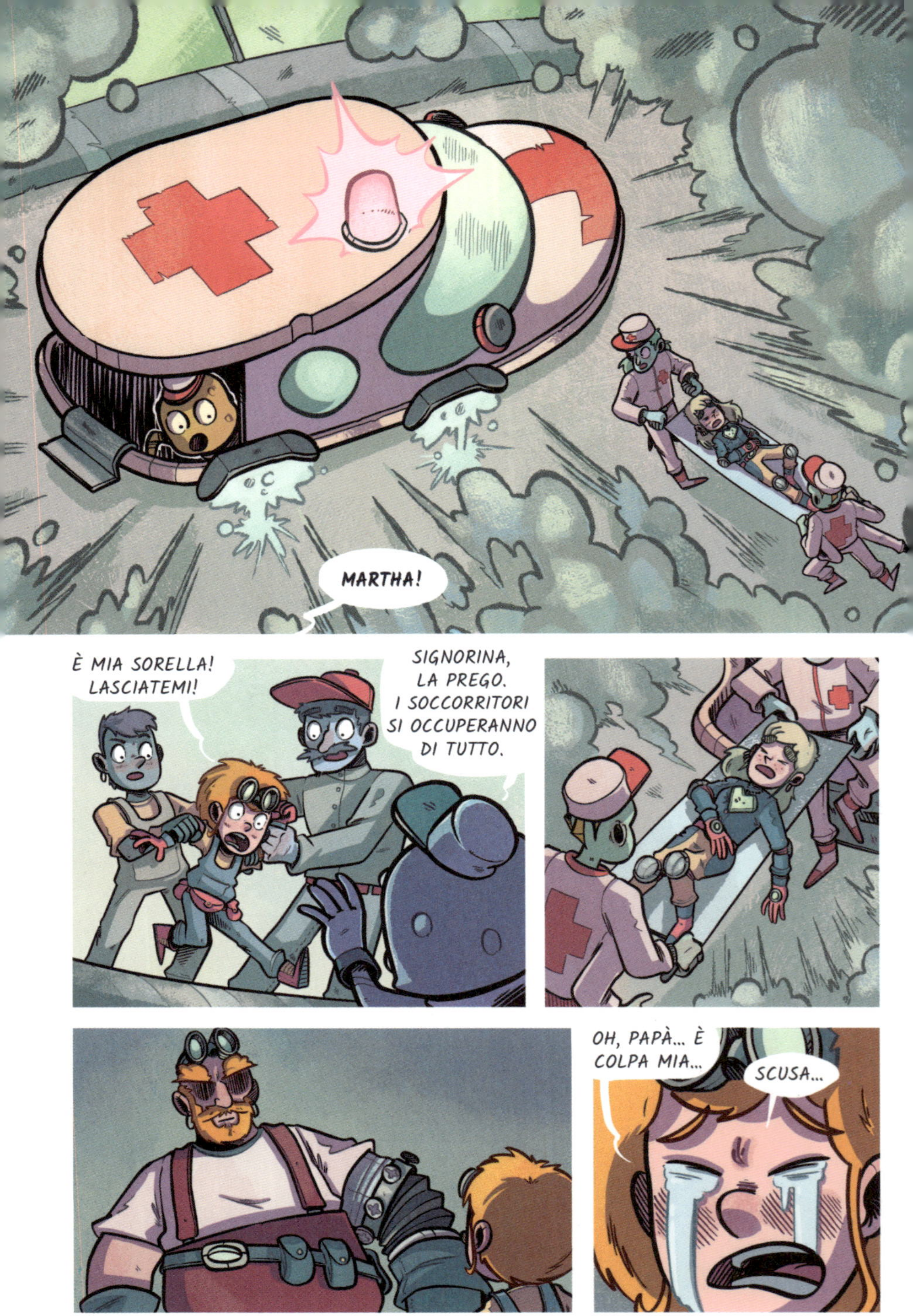

È MIA SORELLA! LASCIATEMI!
SIGNORINA, LA PREGO. I SOCCORRITORI SI OCCUPERANNO DI TUTTO.

OH, PAPÀ... È COLPA MIA...
SCUSA...

ADESSO CALMATI.
CI SONO IO CON TE.

GRAB

HO SBAGLIATO A PENSARE DI POTERCELA FARE...

NON HAI NULLA DI CUI SCUSARTI. SONO IO CHE NON AVREI DOVUTO LASCIARTI DA SOLA.

COSÌ NON RIUSCIREMO A FARE MOLTI METRI...
È ANCHE SCOMODO...
NON IMPORTA.
NON IMPORTA.
BE', ALMENO PASSIAMO UN PO' DI TEMPO INSIEME.
QUESTO IMPORTA.

TI VEDO LÀ FUORI, VUOI DECIDERTI A ENTRARE?

PROMETTI DI NON MORDERMI?
NO. MA TANTO NON RIESCO A MUOVERMI, PER CUI NON RIUSCIREI A PRENDERTI.

OH, I TUOI CAPELLI NON FANNO CHE MIGLIORARE!
FAI POCO LA SPIRITOSA, HO INDOSSATO STIVALI CHE ERANO QUASI PIÙ ALTI DI TE!
COLPITA E AFFONDATA.
SPLASH!

CHE FAI LÌ IMPALATA? VIENI AD ABBRACCIARMI!

VA TUTTO BENE. IO STO BENE.
SCUSA...
IL NOSTRO PIANO È ANDATO IN FUMO INSIEME A ME DURANTE QUELLA GARA.
STO BENE, TE L'HO DETTO. MA PRIMA DI POTER TORNARE IN PISTA PASSERÀ UN SACCO DI TEMPO.
NEL FRATTEMPO IL CAMPIONATO SARÀ FINITO...
... E DOVREMO RICOMINCIARE TUTTO DACCAPO.
FORSE NON ANCORA...
POSSO FARLO IO! NON CI AVEVO MAI PENSATO... MA PIXEL MI CONOSCE, SO COME FUNZIONA IL SUO MOTORE, POTREI CHIEDERE AD ARCHIBALD DI ALLENARMI...
STAX...
È ANCHE LA MIA DI MAMMA. SE VINCO USERÒ IL MIO DESI-DERIO PER FARLA TORNARE IN VITA!
STAX...

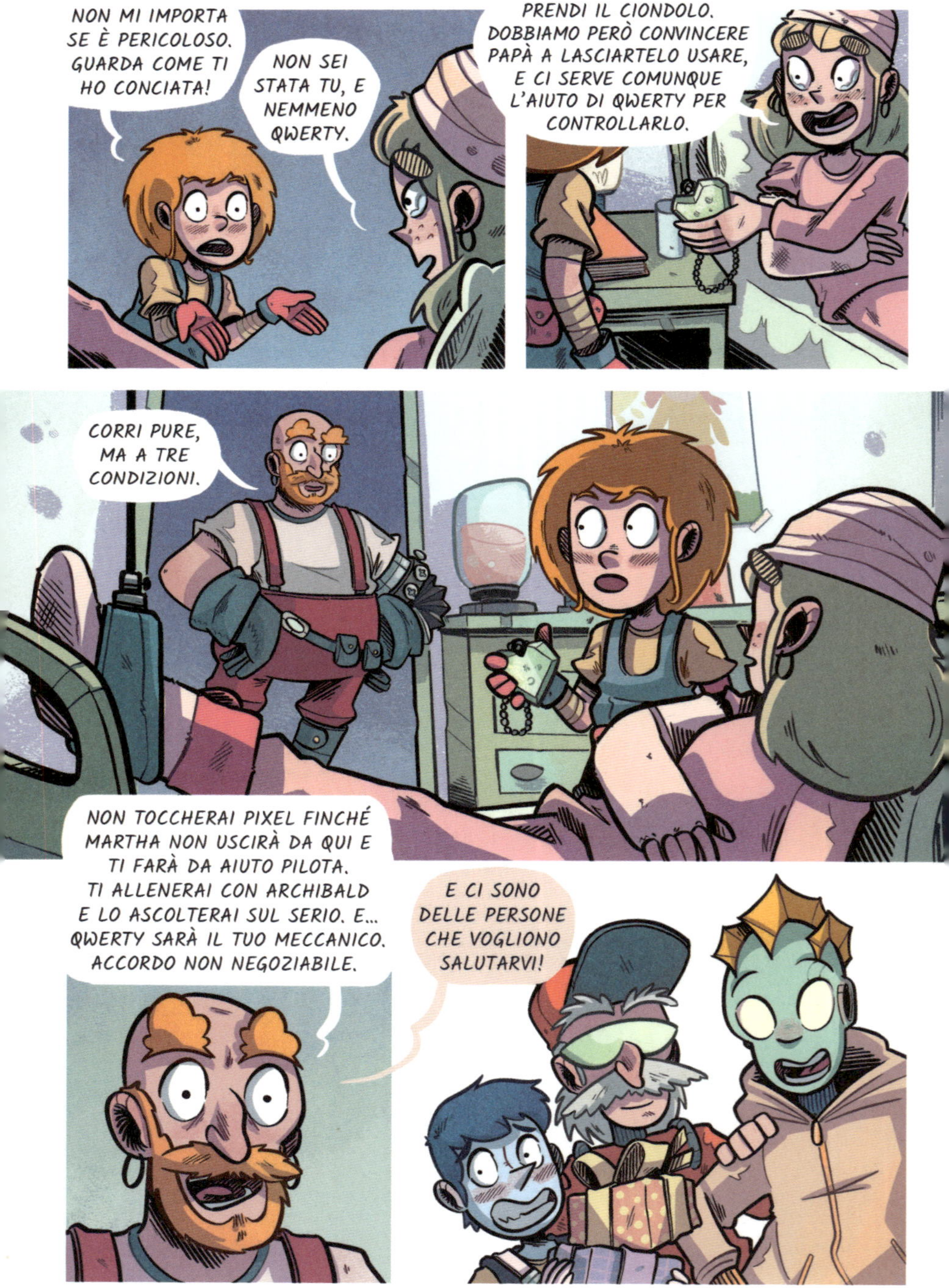

CORRI PURE, MA A TRE CONDIZIONI.

NON TOCCHERAI PIXEL FINCHÉ MARTHA NON USCIRÀ DA QUI E TI FARÀ DA AIUTO PILOTA. TI ALLENERAI CON ARCHIBALD E LO ASCOLTERAI SUL SERIO. E... QWERTY SARÀ IL TUO MECCANICO. ACCORDO NON NEGOZIABILE.

CI SIETE TUTTI!
GUARDA CHI C'È!

SCUSA PER AVER SPIFFERATO A MIA MADRE DEL CIONDOLO...
SCUSA PER AVERTI DATO DEL VENUSIANO ESSICCATO.
NON L'HAI MAI FATTO!
OPS, L'HO FATTO ADESSO!

IO... HO BISOGNO DI TE ANCHE COME MECCANICO, MA PRIMA COME AMICO.
FARÒ DEL MIO MEGLIO.

CHI È PRONTO AD AFFRONTARE LA LUNARPARK ALZI LA MANO!
STAX, NON CI RIESCO! SONO UN GESSO UNICO!
ALLORA GAMBA IN ALTO!
MEGLIO! QUELLA NON POSSO PROPRIO ABBASSARLA!

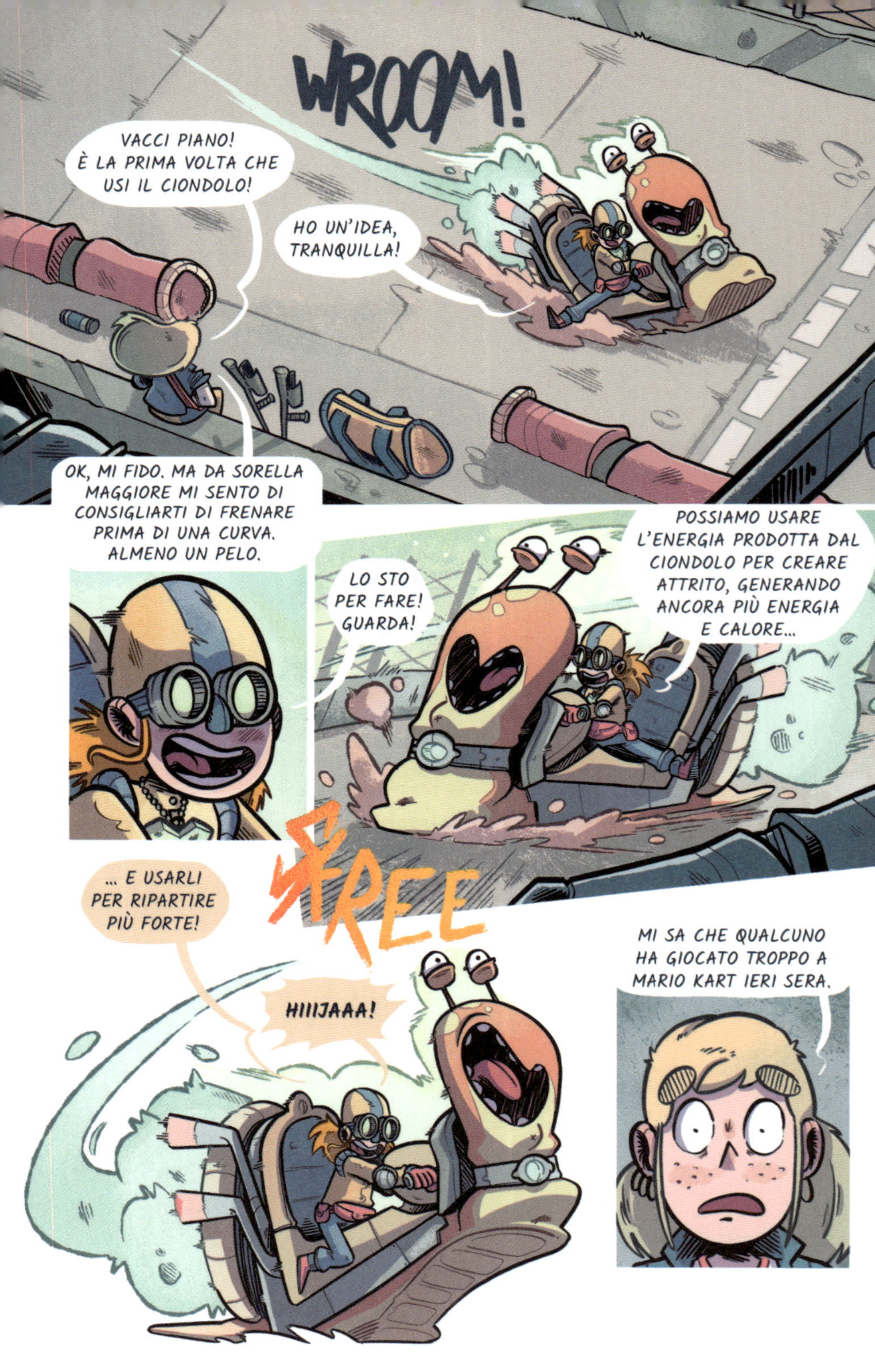
WROOM!
VACCI PIANO! È LA PRIMA VOLTA CHE USI IL CIONDOLO!
HO UN'IDEA, TRANQUILLA!
OK, MI FIDO. MA DA SORELLA MAGGIORE MI SENTO DI CONSIGLIARTI DI FRENARE PRIMA DI UNA CURVA. ALMENO UN PELO.
LO STO PER FARE! GUARDA!
POSSIAMO USARE L'ENERGIA PRODOTTA DAL CIONDOLO PER CREARE ATTRITO, GENERANDO ANCORA PIÙ ENERGIA E CALORE...
SFREE
... E USARLI PER RIPARTIRE PIÙ FORTE!
HIIIJAAA!
MI SA CHE QUALCUNO HA GIOCATO TROPPO A MARIO KART IERI SERA.

HAI BRUCIATO ANCORA UNA VOLTA I FRENI RADIALI! GUARDA QUANTO FUMO!
MPF!

SONO ANCORA ARRABBIATA.
PERDONATO.
PERDONATO DUE VOLTE.
LA SCALETTA.
LA NASCONDO PRIMA CHE MARTHA TI VEDA.

SARAI ANCHE VELOCE, MA DEVI LAVORARE SU COME GUIDI PIXEL!
SEI GOFFA!

TUA SORELLA HA RAGIONE. HO VISTO BIMBI PLUTONIANI SALIRE SULLA LORO PRIMA BICI E GUIDARE MEGLIO DI TE!
SECONDO ME SEI STATA BRAVISSIMA!

ARCHIBALD, PUOI ESSERE PIÙ PRECISO NELLE TUE INDICAZIONI? NON VORREI FINIRE CON UN'ALTRA FIGLIA ARROSTO.
F

LA VERITÀ È CHE QUELLA PICCOLETTA È DAVVERO BRAVA E FARÀ STRADA VELOCEMENTE, NON SOLO SULLE PISTE. MA NON HO INTENZIONE DI DARLE LA SODDISFAZIONE DI DIRGLIELO.

SUPERVITTORIA DI STAX!
LA RAGAZZINA NE INFILA
UNA DIETRO L'ALTRA!
WOOOOOW!
BRAVA!

SCUSATE... È CHE
ALTRIMENTI ANCHE DAL
PRIMO POSTO SAREI STATA
MOLTO PIÙ BASSA DI VOI.

PERCHÉ SIAMO QUI?
STAX NON PARTECIPA
A QUESTA GARA.

CI SONO ALCUNI PILOTI PERICOLOSI
CHE STAX DOVRÀ AFFRONTARE.
VOGLIO VEDERE COME SI
MUOVONO, STUDIARLI UN PO'.

CI PENSO SPESSO ALLA TUA IDEA DEL MANEGGIO... CHI L'AVREBBE DETTO CHE MI SAREI RITROVATA A BORDO PISTA A DARE SUGGERIMENTI A STAX, AD ANALIZZARE AVVERSARI...

LUNA
TG

STAX O'CONNOR HA PRESO IL MANUBRIO DOPO IL RITIRO DELLA SORELLA, DIVENTANDO LA PILOTA PIÙ GIOVANE E PIÙ VELOCE DEL SISTEMA SOLARE!
LUNA TG
STAX È LA PILOTA PIÙ GIOVANE A VINCERE 50 GARE DEL CAMPIONATO ORO

SÌ, STAX È VELOCE. MA GUARDA!
SEMBRA CHE FACCIA A PUGNI CON LE CURVE!
F
LUNA TG
EX ALLENATORE DEI GENITORI O'CONNOR E ATTUALE ALLENATORE DELLE SORELLE O'CONNOR

GRAZIE MILLE A TUTTI I FAN, ANCHE QUESTA VITTORIA È PER VOI!
LUNA TG
NEO MECCANICO DELLE SORELLE O'CONNOR E MIGLIORE AMICO DI STAX

SONO ORGOGLIOSO DELLE MIE FIGLIE PRIMA E DOPO LE GARE.
LUNA TG
EX CAMPIONE DI MOTOLUMACHE E ATTUALE PADRE DELLE SORELLE O'CONNOR

STAX, COME CI SI SENTE A ESSERE IN TESTA A TUTTI?
IN QUESTO MOMENTO DIREI "BASSA".
LUNA TG
STAX È LA PILOTA PIÙ GIOVANE A VINCERE 50 GARE DEL CAMPIONATO ORO

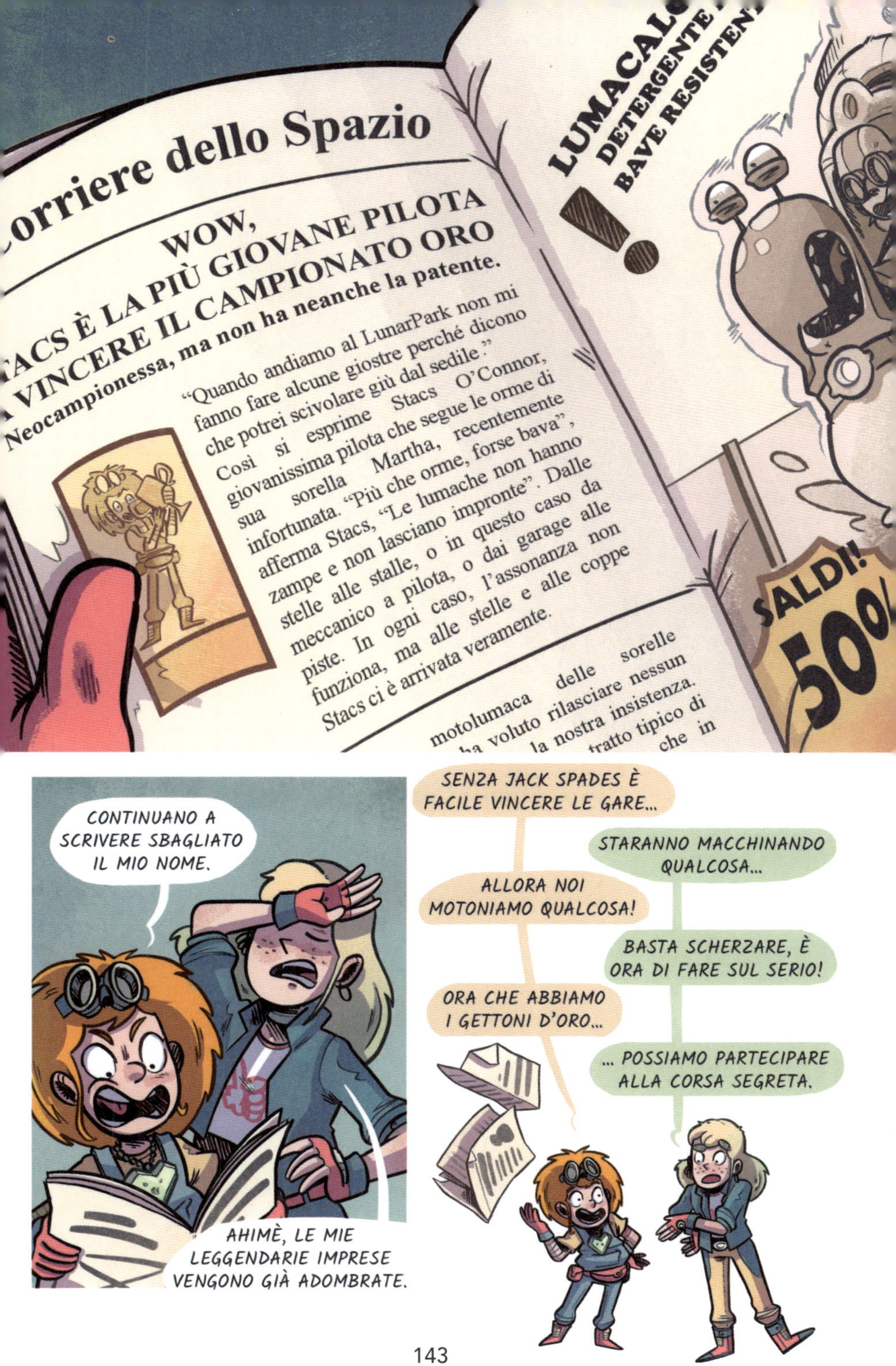

orriere dello Spazio

WOW,
TACS È LA PIÙ GIOVANE PILOTA
VINCERE IL CAMPIONATO ORO

Neocampionessa, ma non ha neanche la patente.

“Quando andiamo al LunarPark non mi fanno fare alcune giostre perché dicono che potrei scivolare giù dal sedile.” Così si esprime Stacs O’Connor, giovanissima pilota che segue le orme di sua sorella Martha, recentemente infortunata. “Più che orme, forse bava”, afferma Stacs, “Le lumache non hanno zampe e non lasciano impronte”. Dalle stelle alle stalle, o in questo caso da meccanico a pilota, o dai garage alle piste. In ogni caso, l’assonanza non funziona, ma alle stelle e alle coppe Stacs ci è arrivata veramente.

motolumaca delle sorelle
voluto rilasciare nessun
la nostra insistenza.
tratto tipico di
che in

LUMACAL
DETERGENTE
BAVE RESISTEN

SALDI!
50

SIGNOR SPADES, LA PRESIDENTE LA ATTENDE NEL SUO UFFICIO.

PUÒ ESSERE CHE DOPO L'ULTIMA GARA IN CUI HO STRACCIATO QUELLA RAGAZZINA LA MIA REPUTAZIONE SIA... MIGLIORATA?
TOC TOC

INTENDI QUELLA IN CUI NON HAI RECUPERATO IL CIONDOLO COME TI AVEVO ORDINATO DI FARE? DIREI DI NO.

ABBIAMO ANCORA UNA POSSIBILITÀ, JACK. MA QUESTA VOLTA NON DEVI DELUDERMI.
TI DIRÒ IO QUANDO MUOVERTI.

PENSANO DI VINCERE, E INVECE VEDRANNO LA TERRA CROLLARE SOTTO I LORO PIEDI.

ADORO I PIANI MALVAGI.
E SONO PRONTO ALL'AZIONE.

IN GARA E ANCHE FUORI.

VEDRAI, SARANNO LORO A VENIRE DA ME.

PERCHÉ CREDI CHE CORRANO ANCORA? PENSANO DI POTER ARRIVARE ALLA GARA SEGRETA. DAREMO LORO QUELLO CHE VOGLIONO, E NOI CI PRENDEREMO QUELLO CHE VOGLIAMO.

NON VEDO L'ORA.

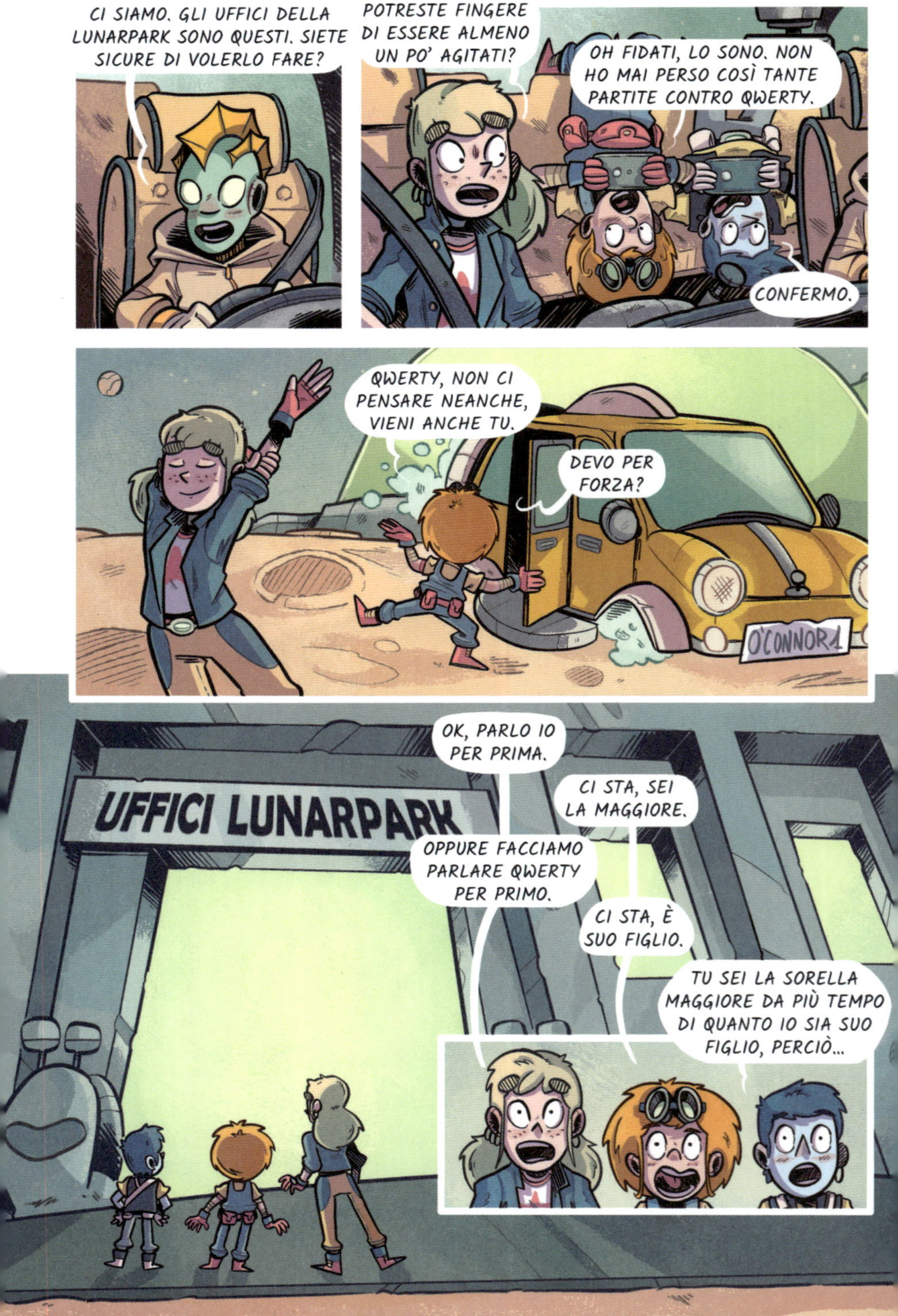

UFFICI LUNARPARK

OK, PARLO IO PER PRIMA.

CI STA, SEI LA MAGGIORE.

OPPURE FACCIAMO PARLARE QWERTY PER PRIMO.

CI STA, È SUO FIGLIO.

TU SEI LA SORELLA MAGGIORE DA PIÙ TEMPO DI QUANTO IO SIA SUO FIGLIO, PERCIÒ...

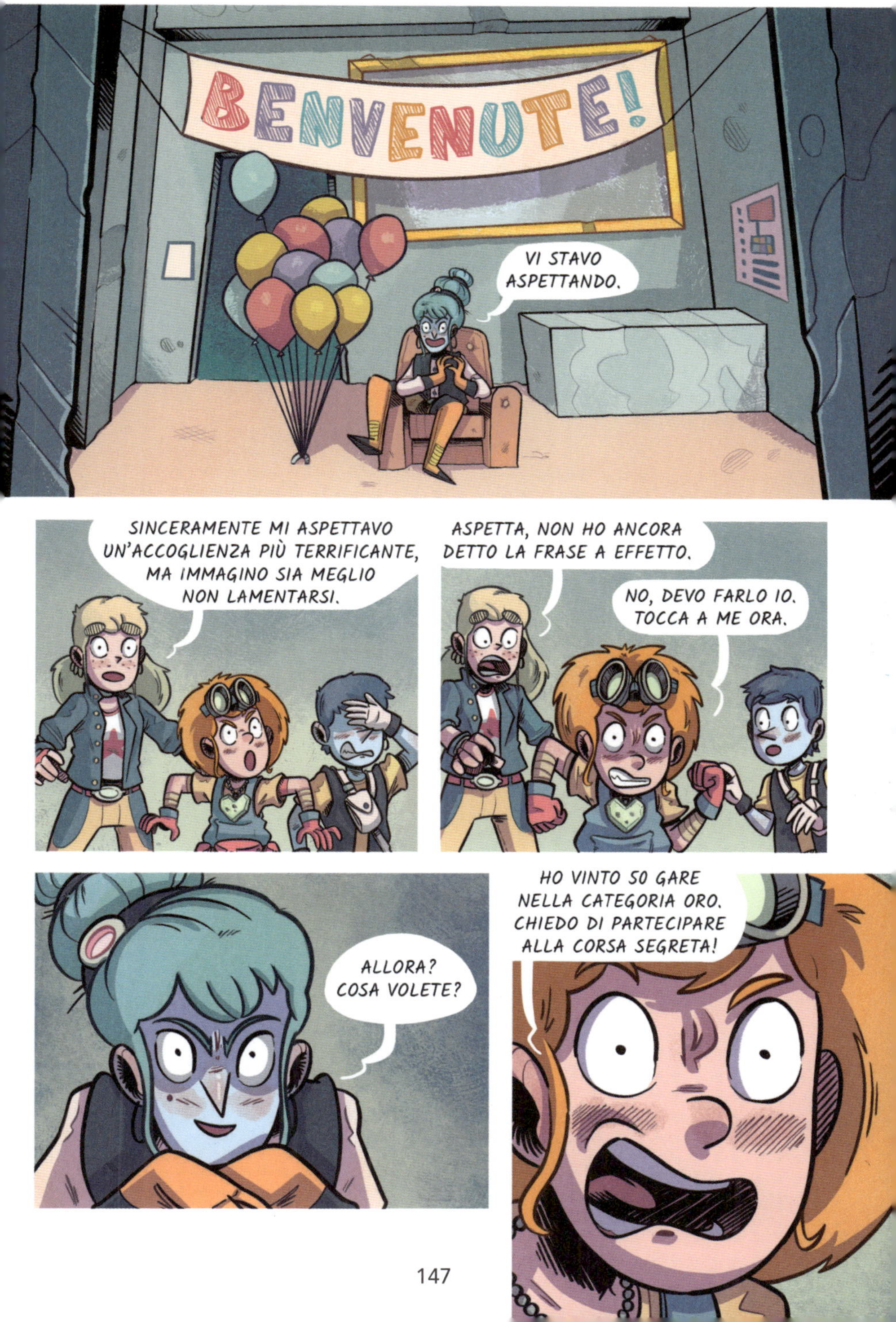

BENVENUTE!

VI STAVO ASPETTANDO.

OK.
VA BENE.
!

È STATO FIN TROPPO FACILE. ORA COSA FACCIO?
BOH!

SALUTO E CE NE ANDIAMO O FACCIO UNA LINGUACCIA? IN FONDO È CATTIVA.
FORSE DOVREMMO CHIEDERE DELLE INFORMAZIONI, TIPO DOVE SI SVOLGE, QUANDO...
C'È UNA BUSTA ALL'INGRESSO CON TUTTO QUELLO CHE VI SERVE SAPERE.
AH, QWERTY! CHE NE DICI DI TORNARE A CASA ADESSO?

NON SONO SICURO DI...
TRANQUILLO.

EHI!

RICORDATI DI MANDARMI UN WOOF!

ABBIAMO UN PIANO.
IO DICO DI NO.
IO DICO SAURO.
UN PIANO MIGLIORE DI QUELLO CON CUI MI HAI BRUCIATO IL MANEGGIO?

SÌ! SE VINCIAMO LA GARA SEGRETA POSSIAMO RIPORTARE IN VITA LA MAMMA! STAX SARÀ PIÙ VELOCE DI TUTTO QUELLO CHE CI SCAGLIERANNO CONTRO!

NON VEDO L'ORA DI VEDERE CHE FACCIA FARÀ FLANNERY QUANDO VEDRÀ QUANTO CORRONO VELOCI LE SUE FIGLIE!

OVVIAMENTE VORREI CHE NON ANDASSI, STAX, MA SE DICI DI SÌ, ALLORA TI ASPETTERÒ SORRIDENDO ALLA LINEA DEL TRAGUARDO.

E SALUTERAI ANCHE LA MAMMA, TE LO PROMETTO. È LEI CHE CI HA LASCIATO QUESTO CIONDOLO...
E LO HA FATTO PER FARCI VINCERE PROPRIO QUESTA GARA!

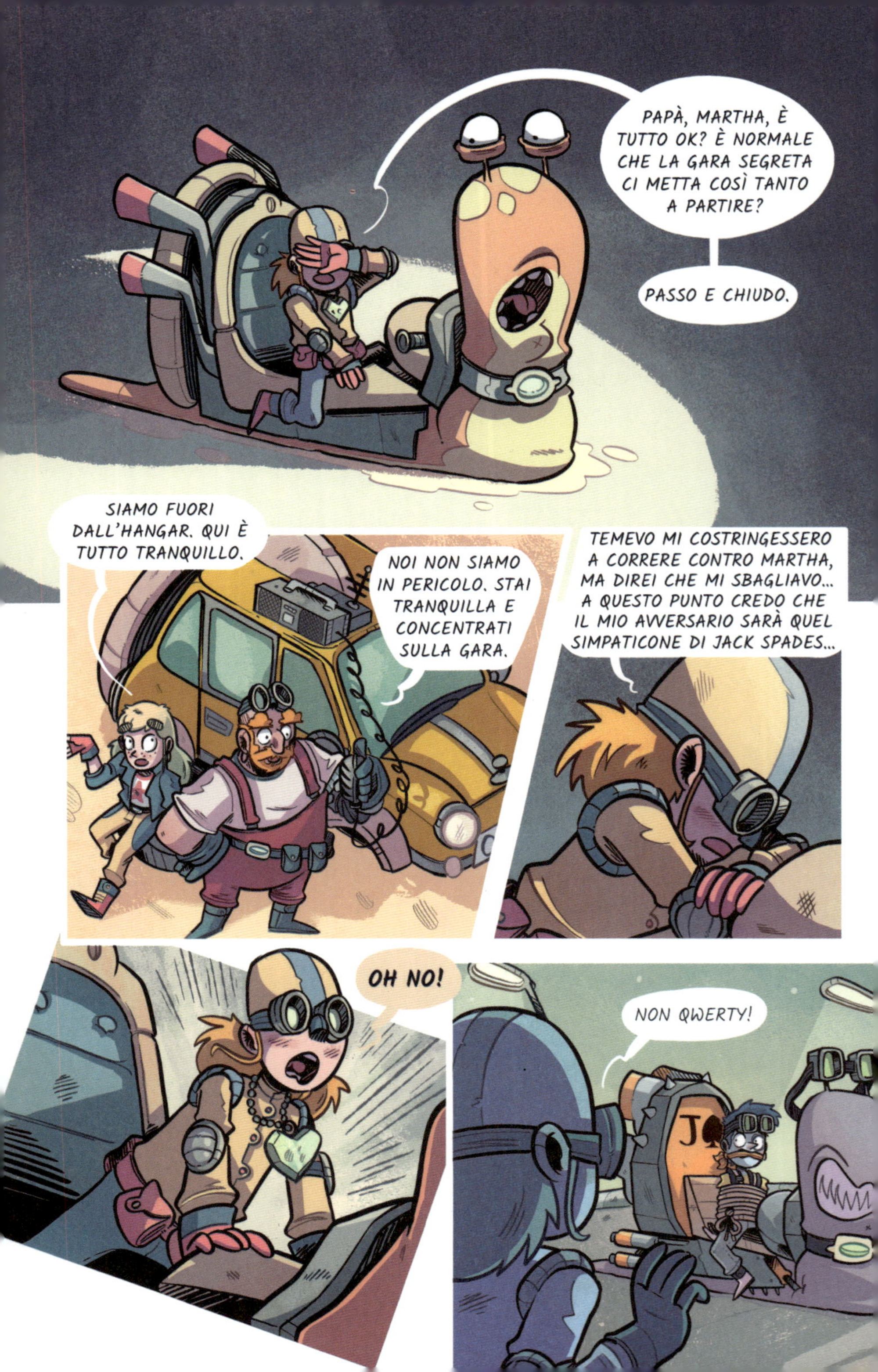

PAPÀ, MARTHA, È TUTTO OK? È NORMALE CHE LA GARA SEGRETA CI METTA COSÌ TANTO A PARTIRE?

PASSO E CHIUDO.

SIAMO FUORI DALL'HANGAR. QUI È TUTTO TRANQUILLO.

NOI NON SIAMO IN PERICOLO. STAI TRANQUILLA E CONCENTRATI SULLA GARA.

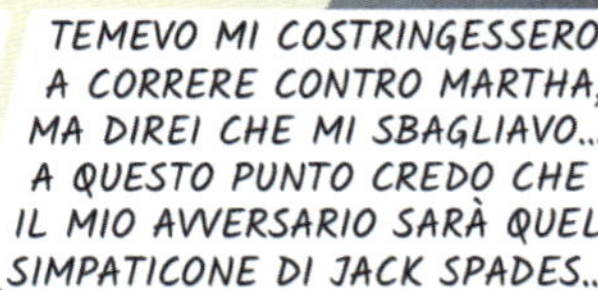

BUONGIORNO PILOTI, PRONTI ALLA PARTENZA? EHI TU, RAGAZZINA, MA CHE CAVOLO FAI? TORNA SULLA TUA MOTOLUMACA, LA GARA È COMINCIATA!
DOVETE PARTIRE!

È STATO JACK SPADES! STAVO DORMENDO, POI HO VISTO IL SUO FACCIONE E MI SONO RITROVATO QUI! STAX, HO PAURA!
TRANQUILLO, ADESSO TI PORTO VIA.

È COLPA DI MIA MAMMA, IERI HO PROVATO A CONVINCERLA A LASCIARVI STARE, IO NON...
NO, È COLPA MIA! IO TI HO TRASCINATO IN QUESTA STORIA, E IO TE NE TIRO FUORI.

IO RIMANDEREI LE SMANCERIE A DOPO, LA PISTA STA CROLLANDO! VI CONVIENE COMINCIARE A CORRERE...
!

NON GAREGGEREMO! NULLA CI VIETA DI VINCERE ENTRAMBI, INSIEME, TAGLIANDO IL TRAGUARDO NELLO STESSO MOMENTO!
GLI OSPITI PAGANO PROFUMATAMENTE PER QUESTO SPETTACOLO E IO NON LI POSSO DELUDERE! AL TRAGUARDO C'È UNA BARRIERA FOTOPROTETTIVA CHE IMPEDISCE CHE DUE PERSONE PASSINO INSIEME.
E POI, PRIMA DI DECIDERE, NON VUOI SAPERE QUAL È IL PREMIO CHE HO PENSATO PER TE, RAGAZZINA? LASCIA CHE TE LO MOSTRI...
MAMMA!

STAX! ASPETTA!
FINALMENTE UN PO' DI AZIONE! SEI UNA SCHEGGIA RAGAZZINA, PROPRIO COME TUA MADRE!
AH, IMMAGINO CHE TU LO SAPPIA, MA OVVIAMENTE IL VINCITORE HA DIRITTO A UN SOLO PREMIO...
!
NO, NO, NO.
VKREE

QWERTY...

STAX! STAX! RISPONDI!
NON SENTIAMO PIÙ NULLA! ANDIAMO, FAI UNA BATTUTINA! UNA QUALUNQUE!
DEVE ESSERE INIZIATA LA GARA.

ORA DOBBIAMO FIDARCI DI LEI, COME LE ABBIAMO PROMESSO.
O'CONNOR 1

COSA FACCIO, COSA FACCIO?!

FINALMENTE COSÌ VICINA...

SAI, STAX, PRIMA DI INCONTRARTI IO NON AVEVO AMICI, E ORA MI ACCORGO CHE ERA PIÙ SEMPLICE, PERCHÉ DOVEVO PREOCCUPARMI SOLO DI ME STESSO.
MA SONO VERAMENTE CONTENTO CHE SIA COSÌ DIFFICILE ORA.
QWERTY, COSA STAI...
O IO O TUA MAMMA... SONO FELICE PERCHÉ QUESTA SCELTA POSSO PRENDERLA IO PER TE.
WROOM!
QWERTY, NO! NON FARLO!
FRENA, TI PREGO!

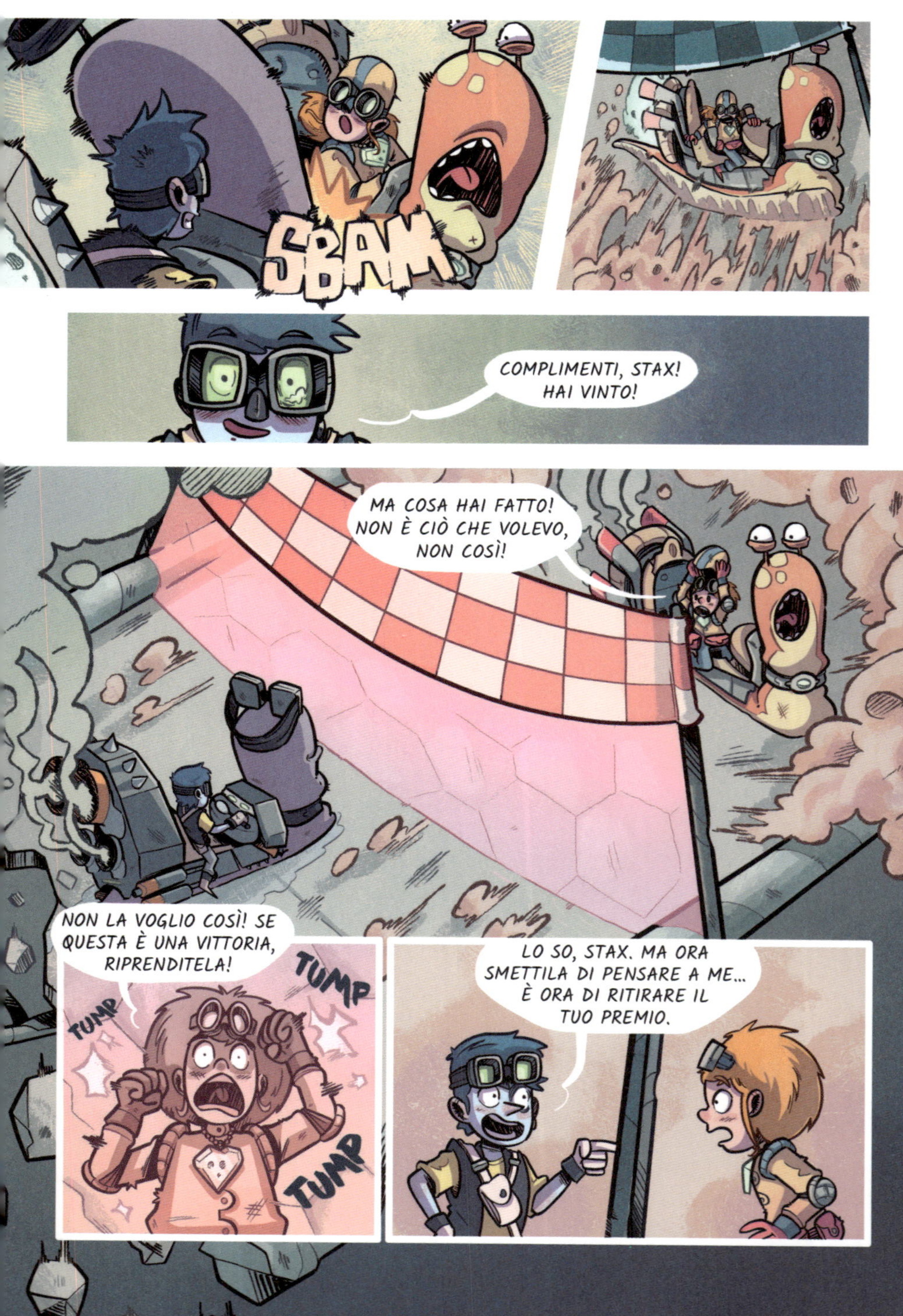
SBAM
COMPLIMENTI, STAX! HAI VINTO!
MA COSA HAI FATTO! NON È CIÒ CHE VOLEVO, NON COSÌ!
NON LA VOGLIO COSÌ! SE QUESTA È UNA VITTORIA, RIPRENDITELA!
TUMP
TUMP
TUMP
LO SO, STAX. MA ORA SMETTILA DI PENSARE A ME... È ORA DI RITIRARE IL TUO PREMIO.

QWERTY,
IO TI GIURO...

MAMMA...

MAMMA!

EHI, APRI GLI OCCHI! SONO IO! STAX!
NON SI MUOVE... È VUOTA... È FREDDA!

COMPLIMENTI, RAGAZZINA, HAI VINTO! OH, NON ERA QUELLO CHE VOLEVI? ORA È TARDI... ORA È IL MOMENTO DI PARLARE DI QUELLO CHE VOGLIO IO.

È UN TRUCCO! NON È MIA MADRE!

È UN CAPOLAVORO DI TECNOGENETICA DELLA LUNARPARK! NON TI PIACE?

IL CIONDOLO: DAMMELO E VI LASCERÒ ANDARE... TUTTI QUANTI!

STAX!
NON FINIRÀ COSÌ, NO.
COSA CREDI DI FARE? NON HO TEMPO PER I TUOI STUPIDI GIOCHETTI.
STAX! COSA FAI?
NON NE HO IDEA! MA SPERO CHE FUNZIONI!

È STATO FICHISSIMO!
LO SO! PENSO DI ESSERMI USTIONATA IL BRACCIO, MA NE È VALSA LA PENA!
VA BENE. DIAMO IL VIA ALLE DANZE!
USCIAMO DA QUI, IN FRETTA.

BOOM!
POW
POW
PIXEL, MI RACCOMANDO, NON DIRLO A MARTHA! PRONTI A VOLARE?
EH?!
OH, MAMMA! HO SEMPRE PROVATO A VOLERTI BENE!
TIENITI, QWERTY!

AAAAH
BOOOOOM

PREPARARSI ALL'ATTERRAGGIO.
SPOILER: DIREMO UN SACCO DI "AHI"!
THUMP!
TUA FIGLIA È APPENA PIOVUTA DAL CIELO.

PAZZESCO!
STAX! QWERTY!

BANZAI!
SIETE SOLO VOI DUE...

PAPÀ... MI SPIACE. MAMMA ERA LÌ, ERA IL MIO PREMIO.
MA LEI ERA... FINTA.

HO CAPITO CHE NON È QUELLO CHE AVREBBE VOLUTO... LE SUE FIGLIE CHE INSEGUONO I FANTASMI... E NON È NEANCHE QUELLO CHE VOGLIO IO.

HO CAPITO CHE IO E MARTHA STAVAMO CERCANDO QUALCOSA CHE AVEVAMO GIÀ: **SIETE VOI TUTTA LA FAMIGLIA CHE MI SERVE!**

È FINITA...
DIREI DECISAMENTE UN FINALE CON IL BOTTO!

EPILOGO

APERTO IL NUOVO MANEGGIO! MARTHA O'CONNOR E APOLLO VENTURI ASSICURANO GARE DIVERTENTI CON CASCHETTI BEN ALLACCIATI E NEANCHE UN LIVIDO!
LUNA TG
SUPERGARE SUPERSICURE
EVVIVA IL VIVAIO DI GIOVANI PILOTI

CI SONO ANCORA UN SACCO DI COSE DA FARE, MA SONO FELICE CHE FINALMENTE ABBIAMO APERTO.
GRAZIE APOLLO.
ERA DA TANTO CHE NON MI SENTIVO NEL POSTO GIUSTO.

DEVO AMMETTERE CHE QUASI QUASI SONO FELICE CHE LE TUE FIGLIE MI ABBIANO BRUCIATO CASA! COSÌ È MOLTO MEGLIO!
FLAN NE SAREBBE ORGOGLIOSA, E QUESTO È UN PENSIERO CHE MI FA STARE BENE.

GRANDE ESPLOSIONE IN UN HANGAR: SCOMPARSA LA PRESIDENTE LUU NARISTIDE. IL FIGLIO QWERTY HA ASSUNTO IL COMANDO DELLA LUNARPARK.
LUNA TG
FUMATA BIANCA PER LA LUNARPARK

STAX, GRAZIE PER ESSERE VENUTA.
HO DEGLI AGGIORNAMENTI DA DARTI.
INSIEME AL TEAM SCIENTIFICO DELLA LUNARPARK ABBIAMO STUDIATO IL CIONDOLO DI VOSTRA MADRE.
E FINALMENTE ABBIAMO CAPITO COME ESTRARRE IL BIOCARBURANTE.
QWERTY

CON UN'ENERGIA COSÌ PULITA POTREMMO CAMBIARE IL MONDO...
È UNA NOTIZIA BELLISSIMA! MA PERCHÉ HAI QUELLA FACCIA MOGIA?

NON SO COME DIRLO...
PER FARLO DOVREMMO ROMPERE IL CIONDOLO...

OH, QWERTY... TANTO I CUORI NON SI SPEZZANO MICA.

LUNAR
PARK

RINGRAZIAMENTI

GRAZIE A CHIARA PER AVER CREDUTO IN QUESTO LIBRO, GRAZIE A MAMMA CECILIA PER IL GRANDE AIUTO E SUPPORTO, GRAZIE A VALE E FABIO PER IL LORO CONTRIBUTO IN QUESTE PAGINE.

JACOPO E FRA

MOTOLUMACHERS

L'AUTORE:
JACOPO NAPOLITANO

Nato nel 1995. Non beve latte ma legge i libri, anche a colazione. Si laurea in Lettere Moderne e, nel frattempo, segue un corso di sceneggiatura alla Scuola del Fumetto di Milano.
Ora insegna letteratura in un liceo, scrive racconti per adulti e storie per bambini. *Motolumache* è il suo primo graphic novel.

L'ILLUSTRATORE:
FRANCESCO SALA

Nato nel 1996. Inizia a disegnare mostri da bambino facendo ritratti a quelli che vivono sotto il suo letto. Ha frequentato la Scuola del Castello Sforzesco a Milano, dove si è diplomato come illustratore e non come cavaliere. Ha pubblicato storie a fumetti per Leviathan Labs e per la casa editrice francese Éditions Jungle.